健康中国背景下
运动健康促进的理论与方法研究

武文杰　著

中国水利水电出版社
www.waterpub.com.cn
·北京·

内 容 提 要

本书首先对“健康中国”与健康促进的相关知识进行分析，然后重点研究与分析了运动锻炼与生理健康促进、运动锻炼与心理健康促进、常见运动健康促进的手段与方法等方面的内容，能帮助人们提高自身的健康水平。

本书语言简练、结构清晰、内容丰富，系统性、时代、创新性等特点显著，还具有非常高的参考和借鉴价值。本书对于人们通过运动促进健康有一定的指导意义。

图书在版编目(CIP)数据

健康中国背景下运动健康促进的理论与方法研究/武文杰著．—北京：中国水利水电出版社，2019.1 (2024.10重印)
ISBN 978-7-5170-7396-3

Ⅰ．①健… Ⅱ．①武… Ⅲ．①群众体育－健身运动－研究－中国 Ⅳ．①G812.4

中国版本图书馆 CIP 数据核字(2019)第 026085 号

书 名	健康中国背景下运动健康促进的理论与方法研究 JIANKANG ZHONGGUO BEIJING XIA YUNDONG JIANKANG CUJIN DE LILUN YU FANGFA YANJIU
作 者	武文杰 著
出版发行	中国水利水电出版社 (北京市海淀区玉渊潭南路 1 号 D 座 100038) 网址：www.waterpub.com.cn E-mail：sales@waterpub.com.cn 电话：(010)68367658(营销中心)
经 售	北京科水图书销售中心(零售) 电话：(010)88383994、63202643、68545874 全国各地新华书店和相关出版物销售网点
排 版	北京亚吉飞数码科技有限公司
印 刷	三河市华晨印务有限公司
规 格	170mm×240mm 16 开本 17.25 印张 224 千字
版 次	2019 年 4 月第 1 版 2024 年 10 月第 3 次印刷
印 数	0001—2000 册
定 价	84.00 元

凡购买我社图书，如有缺页、倒页、脱页的，本社营销中心负责调换

前 言

2015年，党的十八届五中全会通过的《中共中央关于制定国民经济和社会发展第十三个五年规划的建议》明确提出“推进健康中国建设”的新任务。2016年8月召开的全国卫生与健康大会上，习近平总书记指出，没有全民健康，就没有全面小康，强调要优先发展人民健康，将此放在重要的战略地位，并从战略和全局高度深刻阐述了建设健康中国等重大任务。“健康中国”的实质是全体中国人民的身心健康。推进健康中国建设，必须持久发展体育运动。

体育运动古来有之，世界各民族在体育运动实践中创造了丰富多彩的体育运动形式。在当代世界，体育运动的质量和水平是衡量社会成员个体健康水平和社会文明进步程度的重要标志。“发展体育运动，增强人民体质”是新中国体育事业的根本任务和发展方向。体育运动对促进与维护人的健康具有重要意义，具体表现在生理健康促进、心理健康促进、道德健康促进以及社会适应力等现代新健康观的各个方面。如果长期缺乏适当的体育运动，必然会最直接地影响身心健康，导致整个生命系统失去平衡，所谓“生命在于运动”就是这个道理。每个人的健康都需要通过适当的体育运动来维持。为了全面发挥体育运动的健康促进功能，全面提高人民大众的健康水平，实现健康中国建设的任务，特撰写《健康中国背景下运动健康促进的理论与方法研究》一书，以期提供指导。

本书共有八章内容，第一章首先阐述本书的研究背景——“健康中国”，包括“健康中国”的内涵、“健康中国”的提出与发展背景及《“健康中国2030”规划纲要》解读。第二章是运动健康促进的学科基础与基本理论，包括运动健康促进的相关学科基础、运动促进人体健康的基本原则与方法。第三章与第四章分别研究运动锻炼与生理健康促进、心理健康促进的关系。第五章是常见运动健康促进的手段与方法指导，包括有氧运动健身、无氧运动健身及有氧与无氧混合代谢运动健身三种不同的运动健身形式。第六章是社会不同群体运动健康促进的指导，主要涉及不同年龄群体、不同性别群体、不同社会阶层及社会弱势群体等几类群体。第七章是“健康中国”背景下运动健康全攻略，包括运动健身的专门准备活动、适宜量度的选择、基本素质习练方法及运动处方的制订与实施。第八章是“健康中国”背景下运动健康促进的科学保障，包括运动疲劳与恢复、运动营养保障、运动伤病康复保障以及运动安全防范与急救。

健康中国是新时期中国社会发展的重要理念，本书以此为背景展开研究体现了时代性与前沿性。在运动促进健康的理论研究中，本书提出了运动锻炼与生理健康、心理健康的关系，能够使人们全面认识体育运动的本质功能——健康功能，从而激发人们参与运动锻炼的动机与积极性。本书提出运动促进健康的原则、方法及科学保障，能够为人们科学参与运动锻炼提供理论指导与安全保障，为人们的健康与安全保驾护航。在运动促进健康的方法研究中，本书不仅分析了不同运动健身形式中常见项目的健身方法，而且对不同社会群体的运动锻炼进行了研究，从而为不同群体合理参与体育锻炼提供了有价值的实践性指导与参考。总之，本书集时代性、学术性、理论性、科学性、实用性于一体，希望能够为全面指导人民大众科学参与体育锻炼，切实提升国民健康水平，实现健康中国的战略目标作出贡献。

本书在撰写过程中，借鉴了许多专家、学者的研究成果和观点，在此表示诚挚的谢意。另外，由于时间和精力有限，书中难免有不妥之处，敬请读者谅解并指正。

作　者

2018 年 7 月

目　录

前言
第一章　“健康中国”的内涵与背景阐述 …………………… 1
第一节　“健康中国”的内涵 …………………… 1
第二节　“健康中国”的提出与发展背景 …………………… 8
第三节　《“健康中国 2030”规划纲要》解读 …………………… 19
第二章　运动健康促进的学科基础与基本理论 …………………… 33
第一节　运动健康促进的相关学科基础 …………………… 33
第二节　运动促进人体健康的基本原则 …………………… 56
第三节　运动促进人体健康的方法 …………………… 59
第三章　运动锻炼与生理健康促进研究 …………………… 64
第一节　现代健康观 …………………… 64
第二节　运动锻炼的生理学基础 …………………… 72
第三节　运动锻炼对人体生理健康的影响 …………………… 85
第四章　运动锻炼与心理健康促进研究 …………………… 98
第一节　心理健康概述 …………………… 98
第二节　运动锻炼的心理学基础 …………………… 101
第三节　运动锻炼对人体心理健康的影响 …………………… 113
第四节　促进心理健康的心理技能训练方法 …………………… 117
第五章　常见运动健康促进的手段与方法指导 …………………… 130
第一节　有氧运动健身 …………………… 130
第二节　无氧运动健身 …………………… 139
第三节　有氧与无氧混合代谢运动健身 …………………… 150

第六章　社会不同群体运动健康促进的指导 ……………… 163
第一节　不同年龄群体的运动健康促进指导 ……………… 163
第二节　不同性别群体的运动健康促进指导 ……………… 171
第三节　不同社会阶层的运动健康促进指导 ……………… 181
第四节　社会弱势群体的运动健康促进指导 ……………… 186
第七章　“健康中国”背景下运动健康全攻略 ……………… 194
第一节　运动健身的专门准备活动 ……………… 194
第二节　运动健身适宜量度的选择 ……………… 196
第三节　人体基本素质的习练方法 ……………… 201
第四节　运动处方的制订与实施 ……………… 221
第八章　“健康中国”背景下运动健康促进的科学保障 …… 228
第一节　运动疲劳与恢复 ……………… 228
第二节　运动营养保障 ……………… 232
第三节　运动伤病康复保障 ……………… 242
第四节　运动安全防范与急救 ……………… 254
参考文献 ……………… 263

第一章 “健康中国”的内涵与背景阐述

健康是促进人类全面发展的必然要求，实现全面建成小康社会的核心和基石就是全民健康，国家进入新常态后保持经济水平稳定增长、促进改革、调整结构、惠及民生，就要推进健康中国建设，这是推进医药卫生体制改革的重中之重。《“健康中国 2030”规划纲要》的发布是今后推进健康中国建设的行动纲领，习近平总书记指出健康是促进人的全面发展的必然要求，是经济社会发展的基础条件，也是广大人民群众的精神追求。本章阐述了“健康中国”的内涵，分析了“健康中国”的提出和发展背景，对《“健康中国 2030”规划纲要》进行了细致解读，为健康中国背景下运动健康促进的理论与方法研究奠定理论基础。

第一节 “健康中国”的内涵

一、“健康中国”的含义

（一）全面建成小康社会的奋斗目标

健康中国是全面建成小康社会、实现中华民族伟大复兴的奋斗目标，是社会主义现代化建设新征程的重要保障，作为目标和保障，应该按照全面建设小康的要求，从大健康、大卫生的高度出发，将健康融入经济社会发展过程中的各项政策之中，培育健康人群，发展健康产业，构建健康环境和健康社会，建立更加公平有效的基本医疗卫生制度，形成以健康为中心的经济社会发展模式，实现人人享有健康的生产生活环境和社会环境。

在这个社会大环境背景下，人与人之间保持一种健康的生活方式和行为方式，人与人之间享有健康的医疗服务，缩小地区间人群健康之间的差异，提高全民健康水平。

1. 构建健康的环境

控制影响健康的因素，完善环境卫生和文化体育等基础设施，改善生态环境，建立有利于健康的自然环境，实现人人享有健康的生产生活环境。

2. 培育健康人群

建立完善的基本医疗卫生制度，全面优化健康服务，传播健康文化，控制重大疾病，改善重点人群的健康状况，形成有利于健康的生活方式和生活习惯，实现病有所医。

3. 建设健康社会

以人的健康为根本出发点和落脚点，转变社会发展模式，提高基本公共服务水平，完善社会制度，健全公共安全保障体系，形成有利于健康的社会发展模式，构建和谐的社会关系，实现人人享有健康的社会环境。

4. 发展健康产业

将发展健康需求作为拉动内需的重要抓手，转变经济发展模式，在经济结构转型升级的过程中大力发展健康服务业，推动形成有利于健康的经济发展模式。

在总体目标和分目标之下应包括一些具体指标，借鉴国外的经验，建立体现健康状况的指标体系，确定体现工作任务的监测指标。

(二)创新发展新理念

健康中国在“四个全面”战略布局引领下维护全民健康理念的创新,为解决当前和长远健康问题形成一种整体性思维方式,构成的创新思想和观念体系,由科学健康观、科学卫生观和科学医学观作为指导,目的是为了解决目前全民健康存在的突出矛盾和问题。

发展理念的核心是健康优先,发展的实质是要求政府、社会以及个人能够树立健康优先的发展理念,最终构建健康友好型(全民健康型)社会。全体人民都养成健康的生活方式、科学的生产方式、有效的消费方式,构建健康和经济社会协调发展、良性互动的关系,成为一种健康友好的社会发展形态。

健康友好型社会要求经济社会发展的各个方面必须符合健康发展要求和规律,朝着维护健康的方向发展,其基本要素是健康友好型的经济发展模式、社会发展模式、文化价值观、科技创新体系、服务体系,这些要素都是建设健康友好型社会的基本途径和措施。

健康中国发展理念创新是引领文化创新、制度创新、发展模式创新、产品创新的基础,理念创新要求树立健康优先的发展理念,将健康融入其中,建设健康友好型社会;文化创新要求弘扬健康理念文化,培养健康素养,增强国际影响力和健康软实力;制度创新要求建立健康友好型经济社会发展制度、建立覆盖城乡居民的基本医疗卫生制度。

建立健康优先的经济社会发展模式,从以疾病为中心转向以健康为中心,转变卫生发展模式,构建与居民健康需求相匹配的整合型医疗卫生服务体系,更好地满足群众健康需求,为打造健康中国提供物质基础,并带动健康产业的大发展、大繁荣。

(三)百姓的共同理想

我国经济发展进入了新常态,需要确定新的发展理念,抓住全面建成小康社会中存在的突出矛盾和问题，及时解决这些问题。面对健康保障中存在的突出问题，需要提高健康在经济社会过程中的优先程度，加大政府的投入，进行多部门密切合作，提高个人的关注度，社会多个方面参与进入，形成多方共建、共享的健康发展新模式，着力提高健康与经济社会发展的协调性和平衡性。

深化医药卫生体制改革已经进入了攻坚期和深水区，必须高举健康中国的旗帜，凝聚改革共识的局面，集合改革发展力量，满足改革发展过程中的自信，最大限度地调动积极因素，建立覆盖城乡的基本医疗卫生制度。

党的十八届五中全会从维护全民健康和实现长远发展出发，提出了“推进健康中国建设”这一要求，把健康中国作为实现全面建成小康社会和中华民族伟大复兴中国梦的重要内容，通过全民健康促使实现全面小康社会和“两个一百年”宏伟目标。

政府、社会和个人都要树立起健康优先的发展理念，构建健康友好型社会，将健康中国作为旗帜凝聚共识、汇聚力量，深化医药卫生体制改革，建立覆盖城乡的基本医疗卫生制度和有利于健康的经济社会发展模式。

二、“健康中国”的发展目标

(一)营造健康环境

有效控制影响健康的危险因素，实现人人享有健康的生产生活环境，完善健康支持性环境，建立健康友好型经济社会发展模式，构建和谐的社会关系。

(二)加强健康保障

加强健康保障的顶层设计，突出健康的优先发展模式，完善健康的相关法律体系，建立基本医疗卫生制度，提高政府在健康领域的投入规模和绩效，控制重大疾病和突发性疾病，建立完善的公共安全保障体系和社会支持系统，将健康摆在优先位置，完善健康相关的法律体系和基本医疗卫生制度。

(三)培育健康人群

优化健康服务，改善老人、妇幼、贫困人口、流动人口等重点人群的健康状况，以居民健康需求为导向，关注职业健康，推广健康理念，改善健康行为，提升健康素养，最终达到身心健康、社会适应相协调的全面健康。

(四)引导健康理念

解放思想，更新健康理念，将健康需求作为拉动内需的重要抓手，抓住机遇发展过程中的健康服务产业，培育一批有竞争力的覆盖医疗护理、康复保健、健康管理和咨询、人才培训、科技创新等领域的健康服务产业。

三、“健康中国”的核心内涵

健康中国建设是“创新、协调、绿色、开放、共享”发展理念的具体体现，五大发展理念推进了我国健康中国发展的顶层设计，与健康中国的发展理念和战略相一致，激发了健康产业创新活力，形成了促进健康中国的创新体制架构，便于“互联网＋”的健康行动计划，建设健康友好型社会。

将健康融入到所有政策当中，推进区域健康资源合理配置与协调发展，实现分级诊疗制度，坚持人与环境可持续发展，促进以健康为中心的生态文明建设，推动健康服务产业的绿色发展，通过开放、融合的态度推动健康服务产业向多元化方向发展。

深度融入全球健康体系，推进“一带一路”健康服务业建设与国际合作，改革和发展成果将由人民共享，完善基本医疗卫生服务体系，提高医疗的服务可及性、可负担性、公平性，体现健康服务的公平性和全民健康覆盖。

推进健康中国建设的研究符合建立经济发展机制和社会管理体制协同发展的要求，明确了健康中国的内涵及其发展目标，可以正确把握健康中国的发展方向以及战略导向，切实推进健康中国战略的必然要求。

四、健康中国战略的含义

2008 年原卫生部提出“健康中国”的概念，之后进行了广泛研究和意见征集，形成了《健康中国 2020 战略研究报告》，党的十八届五中全会提出“推进健康中国建设”的新目标，对满足人民群众的健康期盼做出了制度性安排，将健康中国提升到了党和国家的战略地位。

健康中国战略是健康中国理念、思想和目标的理论化、制度化和政策化结果，形成符合我国国情、可持续发展、具有成本效益的健康发展战略，建立健康友好型社会，提高国民健康水平，缩小因经济社会发展水平差异导致的健康不平等现象。需要考虑问题导向型和需求牵引型的战略，从大健康、大卫生出发，根据居民疾病负担和健康主要影响因素确定主要的健康问题，作为确定战略目标和战略行动的基本依据。

从当前和未来面临的主要健康问题出发，综合考量居民面临的主要健康问题，归纳危害健康的重要因素，危害因素的可干预性、干预措施的成本效果，政府和社会的可承受力和相关的国际承诺，最终确定要选择的优先领域。

针对重点和主要问题选择干预的项目，制定实施促进健康的重大工程和项目，为了实施这些工程和项目，强化医药卫生体系的要素支撑，包括管理体制、科技、投入、人才、文化、国际合作、信息和法制环境等。

五、健康中国建设“十三五”规划

健康中国战略属于分步实施的战略，为满足人民群众不断增长的健康需求、打造健康中国制定实施健康中国建设“十三五”规划，这是一个全局性、综合性、战略性的中长期规划，是“十三五”时期卫生计生事业发展的总体规划，实现从现在到 2020 年健康中国战略目标的具体工具。

（一）总体定位

综合考虑原卫生部《“健康中国 2020”战略研究报告》对“健康中国 2020”战略的定位、国际有关国民健康战略规划的定位等确定了健康中国建设“十三五”规划的总体定位。《健康中国建设“十三五”规划》的目的是为了全面提高全民族的健康素质、改善健康公平性、实现社会经济和人民健康协调发展的国家中长期发展规划。

属于“十三五”期间我国健康维护和促进的综合性、纲领性文件规划，国家指导和调控健康事业发展、审批核准重大项目、安排政府投入和财政支出预算的重要依据，健康中国建设“十三五”规划成为当前和今后一个时期维护和促进全民健康的重要行动纲领和指导性文件。

国民健康水平的监测器，全国疾病预防、治疗和健康促进的日程表和路线图，都是各级政府和社会力量管理参与全民健康事业的战略工具。

（二）规划的范围和边界

健康中国建设“十三五”规划以健康需求为导向，以改善健康为目标，不局限于卫生计生部门的业务范围，坚持国家级规划的定位，根据健康社会决定因素模型，扩大视野包括健康的直接因素和间接因素，从大健康的高度着眼，突出强调以人的健康为中心，实施“健康中国”战略并与经济社会发展相结合，实现健康发展目标。

鉴于规划由国家卫生计生委牵头编制，以卫生计生部门业务为主体，借鉴世界卫生组织“健康社会决定因素”的概念框架，以及澳大利亚、加拿大等国家以健康决定因素模型为基础的卫生绩效框架，设定了健康中国建设的边界和框架。

(1)重大疾病防控与医疗卫生服务所涉及的健康人群包括老年人、妇女儿童、贫困人口、流动人口、职业人群等重点人群。

(2)健康环境，包含了空气、饮用水和卫生厕所等基础设施，饮用水安全、食品药品安全等，行为与生活方式，全民健身以及城镇化、老龄化、家庭结构变化等带来的健康问题。

(3)健康服务业。

(4)基本医疗卫生制度建设，以健康为中心的经济社会发展模式。

(5)支撑要素包括信息、科技、人才、投入、体制机制等。

第二节　“健康中国”的提出与发展背景

一、“健康中国”的提出

将健康提升到战略层面，可以直接追溯到1978年，国际初级卫生保健会议发布《阿拉木图宣言》，其中明确指出人类的基本权利就是健康，政府有责任提供最适宜的技术与方法促进居民健康，获得最高质量的健康状况是全世界共同追求的目标。

1986年，世界卫生组织在《渥太华宣言》中完整阐述了“健康促进”的定义、行动原则以及对未来的发展方向，“健康促进”不仅是居民健康素养的提高，更应该是“国家层面”系统化的健康促进公共政策。

2005 年 WHO 社会决定因素委员会在教育、工业、税收和福利工作中推荐使用健康促进政策，即非卫生部门也要将健康纳入工作考虑范畴。

21 世纪，随着认识水平的不断提高，国际社会又重新定义了健康，国际社会的主流价值观就是“全方位的健康”，2013 年第八届国际健康促进大会颁布的《赫尔辛基宣言》正式定义了“将健康融入所有政策(Health in All Policies, HiAP)”，将 HiAP 定义为一种以改善人群健康和健康公平为目标的公共政策制定方法，系统地考虑这些公共政策可能带来的健康后果，寻求部门之间的协作，避免政策对健康造成不利影响。

健康的社会决定因素非常广泛，交通、教育、就业等部门的政策会对健康产生深刻影响，要解决健康问题，就要制定有利于健康的政策，不仅需要借助卫生部门，而且需要多个部门联合制定有利于健康的政策。

作为公共政策制定的办法，HiAP 的关键是卫生部门开展跨部门活动，共同制定政策、实施干预，是一种跨部门治理。跨部门治理机制是解决跨部门权力不均衡问题的一套制度化策略，建立健康方面的政治领导力，将健康融入政府组织结构和决策程序，监督评估机制的完善，构建政策倡导能力和评估工具应用的能力。

各个国家在起草发展计划的时候应该重点考虑到 HiAP。改革开放 40 年来，人口红利给中国带来了前所未有的发展机遇，但是随着发展进程的不断推进，社会发展矛盾日趋激烈，需要重新定位健康发展的战略目标，保证健康的公平性和积极性。

2007 年中国科学技术协会年会公布了“健康护小康，小康看健康”的三步走战略计划，提出了制定“健康中国 2020”战略发展的国家规划。随着医改进入深水区，深层次矛盾和问题集中暴发，明显加大了改革的难度，推进健康中国建设是推动深化医改的必然要求。

2012 年，原卫生部组织数百名专家讨论最终形成“健康中国

2020"战略研究报告,"健康中国 2020"战略规划被定义为全面提高民众健康素质为目的的国家中长期卫生发展规划。

无论是从提出时间、战略规划目标还是具体实施路径来看,"健康中国 2020"存在着明显的缺陷和不足。

第一,"健康中国 2020"战略规划没有准确地判断我国经济改革和发展的趋势,没有参考我国发展的新常态。

第二,"健康中国 2020"战略规划,不能适应"创新、协调、绿色、开放、共享"的发展理念,推进健康中国建设必须和"十三五"规划总体发展框架相协调统一。

第三、"健康中国 2020"战略规划没有对我国健康产业的发展做出准确判断。伴随越来越多的健康需求出现,新一轮医改取得阶段性成效,健康服务业的发展为我国社会经济发展迎来了新的增长点。

第四,"健康中国 2020"的发展目标局限于卫生发展,与经济发展机制和社会管理体制联系松散,协同性不足。

第五,"健康中国 2020"忽视了人口发展关于中国经济社会发展的决定性因素,"健康中国 2020"从战略的高度为中国卫生发展提出了要求,但是并没有形成可操作的测量标准和实施路径。

在 2015 年党的十八届五中全会上,推进健康中国建设首次被提出来。在 2016 年 8 月召开的全国卫生与健康大会上,习近平总书记指出,没有全民健康,就没有全面小康,并且对要优先发展人民健康进行了强调,将此放在重要的战略地位,并从战略和全局高度对建设健康中国等重大任务进行了深刻的分析和阐述。

国家倡导发展健康中国,这并不是一个简单的口号,而是具有深刻内涵的实践战略,要对健康中国战略部署进行深刻的理解,需要以我国的基本国情为立足点,以当前我国全面建设小康社会的决胜阶段现实情况为出发点,而且要明晰以下三个认知。

第一,建设健康中国彰显我国战略发展新理念。

第二,建设健康中国要树立"大健康"理念。

第三,建设健康中国是我国现阶段发展的必然要求。

二、我国健康发展总体情况

党的十七大报告中明确提出"健康是人全面发展的基础,关系到千家万户的幸福",党的十八大报告进一步指出"健康是促进人的全面发展的必然要求",党的十九大报告指出"要完善国民健康政策,为人民群众提供全方位的健康服务"。

可见,健康已经引起了政府的广泛重视,健康成为每个人成长和幸福的重要基础,是社会进步、人民生活水平日益提高的重要标志。全民健康是实现全面建设小康社会的基础,是全面建成小康社会的核心,也是建成小康社会的重要保障。

联合国"千年发展目标"提出的八个总目标中有三个都是关于卫生健康方面,更加突出经济、社会和环境等部门与健康的相互联系和影响,凸显健康发展的全面性、公平性和协同性。健康已处于人类发展的突出位置,成为国家软实力的重要组成部分。

(一)居民健康水平总体得到提升

"十二五"期间,我国人均预期寿命到 2015 年预计比 2010 年提高 1 岁;2010—2014 年,婴儿死亡率由 13.1‰下降到 8.9‰,5 岁以下儿童死亡率由 16.4‰下降到 11.7‰,孕产妇死亡率由 30/10 万下降到 21.7/10 万,都提前实现了卫生"十二五"规划目标要求,居民健康水平总体处于中高收入国家水平。从国际上看,中国作为全球最大的发展中国家,用较少的卫生资源,成功为全球五分之一的人口提供了较好的医疗卫生服务。

(二)居民健康面临的严峻形势

1. 多重健康问题的挑战

(1)重大传染病和重点寄生虫病防控形势严峻,随着全球化的进程加快,新发传染病威胁不容忽视,防控难度提高。

(2)慢性病成为重大公共卫生问题,疾病负担日益沉重,发病人数快速上升,现有慢性病确诊患者 2.6 亿人,占总人口的 19.1%,慢性病死亡占总死亡比例从 1991 年的 73.8%上升到 2011 年的 85%,导致的疾病负担占总疾病负担的 70%。

(3)生态环境、生产生活方式变化及食品药品安全、职业伤害、饮用水安全和环境问题对人民群众健康的影响更加突出,自然灾害、事故灾害及社会安全事件频繁发生,对医疗卫生保障工作提出了较高的要求。

面对以上这些问题,我国现有公共卫生基础设施非常薄弱,特别是医疗和公共卫生服务体系缺乏衔接协同,服务体系很难有效应对日益严重的慢性病高发等复杂健康问题的挑战。

2.控制健康危险因素

经济发展、社会环境、自然环境等仍然存在不利于健康发展的诸多因素,还没有建立健康的经济社会发展模式,控制健康危险因素。经济发展方面,仍然存在以 GDP 为导向的发展观,“城市病”现象比较严重,资源短缺、人口膨胀、生态恶化环境污染,服务业发展滞后,高端、多元化健康服务供给短缺。

从自然地理环境和生活方式的角度看,我国人群死亡前十位疾病的病因和疾病危险因素中,行为生活方式因素占 37.73%,人类生物学因素占 31.43%,环境因素占 20.04%,医疗卫生保健因素占 10.08%。自然环境和生活行为方式直接影响到人类健康的重要因素,空气质量严重恶化,在城市中大气污染、水污染以及土壤污染等环境生态问题情况突出。

在社会环境方面,人口老龄化、新型城镇化、贫困人口全面脱贫,医疗保障和医疗卫生服务更加公平可及。人口老龄化现象严重,2014 年,我国 65 岁以上人口超过 1.37 亿人,占比达到 10.1%,2020 年将超过 12%,80 岁以上高龄老人将达到 3 067 万人。老年健康服务需求快速增长,对医养结合、康复护理等提出了更高的要求。

流动人口的数量上升，为基本公共卫生服务均等化增加困难，随着工业化、城镇化的推进，我国流动人口不断增加，2013 年达到 2.45 亿人，占总人口的 18%，预计 2030 年将达到 3.1 亿人。“十三五”期间，新型城镇化规划将逐渐实施，促进约 1 亿农业转移人口落户城镇，改造约 1 亿人口居住的城镇棚户区和城中村，引导约 1 亿人口在中西部地区就近城镇化。城镇化的强有力支撑是基础设施和公共服务，这对完善卫生设施布局、提高服务便携性提出了更高的要求。

贫困人口实现脱贫对健康精准扶贫提出了更高的要求，十八届五中全会提出，农村贫困人口脱贫是全面建成小康社会最艰巨的任务，要实施脱贫攻坚工程，实现现行标准下农村贫困人口的脱贫，贫困县要全部摘帽，解决区域性整体贫困。

为实现上述目标任务，健康精准扶贫将作为主要支撑，推进贫困地区基本医疗卫生服务均等化、防止因病致贫和因病返贫的艰巨任务，经济、社会、自然环境和行为方式等突出问题成为影响健康的重要环节，涉及多个部门、多个领域以及复杂的公共政策。

当前，非卫生部门政策制定中对健康问题的关注度不够强，健康融入所有政策的制度性安排和长效性机制还没有建立，很难应对复杂健康社会决定因素的挑战。

3. 医疗卫生体系不能满足群众的健康需求

2004—2013 年，入院人数从 0.67 亿人增长到 1.92 亿人，增长了 18.7%；年诊疗人次由 39.91 亿人次增长到 73.14 亿人次，增长了 83.26%。我国医疗水平不断提高，人口老龄化程度不断加深，“十三五”时期医疗服务需求总量继续维持较高水平，服务供给能力会因体系结构不合理和优质人力资源匮乏等原因而严重滞后。

2004—2013 年，卫生技术人员数只增加了 60.74%，执业（助理）医师数仅增长了 39.82%，在向全面建成小康社会目标迈进的过程中，“十三五”期间群众多层次、多样化健康服务的需求将进一步释放，更加突出优质医疗卫生资源短缺以及结构布局不合理的问题，当出现了供需矛盾的问题，卫生发展方式和服务模式需要进一步改变。

目前我国医疗卫生服务体系存在的突出问题包括基层医疗卫生机构能力不足、高层级医疗服务机构功能定位不清、医疗卫生服务缺乏整合。

服务需求开始向大医院集中，医院规模不断扩大，从服务量分布看，2009—2013 年，医院入院人数占比从 64.03%增长到 72.90%，而基层医疗卫生机构入院人数占比则从 31.01%下降到 22.38%。

服务供给体系单一。2014 年，民营医院床位数占比不足1/5，诊疗人次占比仅为 10.9%，入院人数占比仅为 12.7%，很难满足群众多元化、多层次健康服务的需求。

“十三五”时期，随着经济发展和消费结构加快升级，健康在国民经济和社会发展中的地位将进一步提升，群众健康意识得到明显增强，进一步提高医疗卫生服务水平和多元化、多层次健康服务的需求。

我国经济发展进入了新常态，要发展卫生事业不能完全依靠国家和社会的高投入，而要提高卫生服务的效益，调整卫生服务结构和体系，卫生发展不能只是追求简单规模的扩张，而要集中力量提升健康促进和服务质量的水平，卫生发展方式和服务模式出现了较大的改变。

4. 体制机制的问题

深化医药卫生体制改革已经进入了攻坚阶段，矛盾日益突出，医疗联动改革任务艰巨，需要尽快提升医疗保障的公平性和专业性，发挥有效的费用控制作用和医疗服务行为引导作用。公立医院还没有完全废除以药补医机制，还需要改革医疗服务价格形成的机制，建立现代管理制度，解决药品生产流通秩序不规范的问题。

维护和增进健康相关的行政管理体制高度分散化，导致人民健康的主要责任主体出现了缺失，医疗、医保、医药三医分管，人民健康主体责任缺位，不能统一管理医疗保障体系，很难发挥医疗服务购买者和费用控制者的角色，医疗机构的管理职权过于分散，难以实现医疗卫生资源属地化管理，中央与地方医药卫生职权不清。很难保证健康投入在公共财政中的优先地位，财政健康投入政策的约束力非常弱。

三、“健康中国”的发展背景

(一)健康中国发展是中国道路成功的重要经验

在2016年全国卫生和健康大会上，习近平总书记提出了新时期我国卫生和健康工作的基本方针——以基层为重点，以改革创新为动力，预防为主，中西医并重，将健康融入所有政策，人民共建共享。[①] 这些原则与我国国情和制度优势是相符的，将前沿性特点体现了出来，同时也将我国理论、制度的优势及文化自信体现了出来。

健康中国发展战略是新中国自己创造的经验。在新中国成立初期，我国将卫生工作的基本方针确定为面向工农兵、预防为主、团结中西医、卫生工作与群众运动相结合等。当时，传染病肆虐、医务人员缺乏、人民健康水平低下等问题在我国产生了非常严重的影响。而我国没有照搬西方的医学模式，而是向基层投入了更多的资源，将预防保健、公共卫生等成本低而又有效的服务优先提供给基层，将制度优势充分利用起来，号召人民群众集体参与爱国卫生运动，对中医药简便验廉的优势充分发挥，起到了积极的促进作用，并在经过不断的摸索、改革与创新后，将与我国国情相适应的中国式医疗卫生发展模式建立了起来。

① 李玲，江宇.健康中国战略将开启新时代[J].中国党政干部论坛，2016(09)，80—82.

这种模式不仅能够使我国群众的健康水平得到有效提高，而且还能够有效增加人均预期寿命，为发展中国家树立了榜样。虽然今天我国的国情有了很大的变化，但这些基本方针在今天依然有其存在的意义与价值。

健康中国战略的提出是“中国经济奇迹”的重要原因所在。现在，世界人力资本发展水平较低，许多发展中国家都面临着贫困陷阱，“穷、愚、病”的恶性循环是发展中国家所普遍面临的重要问题。新中国提倡人的全面发展，提高人力资源水平，建设新型农民队伍和产业工人队伍，这些人力资本是支撑我国经济长期增长的中坚力量。

从当前的形势来看，我国将以“保基本、全覆盖”为原则的社会保障体系建立起来，“高积累、低消费”的目标就有了实现的可能。在很长一段时间内，我国人类发展水平在全球的排名领先于经济发展水平的排名，这一部分是人自身发展的结果，人类的发展也推动了经济建设，这是中国发展历史中积累的成功经验，同时也将社会主义的本质充分体现了出来。

健康中国发展战略是中国提供给世界的“中国方案”。在新时代，我国不仅要对如何维持 GDP 中高速发展，赶超发达国家的问题进行充分考虑，还要在世界经济领域有了重大转折的今天对工业化过程中发达国家的经验教训进行反思。

当前，从根本上来说，西方国家面临的健康危机依然是资本主义生产方式带来的危机，这与金融危机是一样的。我国传统文化和社会主义基本制度的思想和实践资源都是非常丰富的，超越西方发展模式、发展健康中国则是其中非常重要的一个表现形势。在推动我国国际形象和文化影响力提升的过程中，我国中医药传统、对非洲等国家的医疗援助是非常重要的途径。

鉴于此，我们应继续将制度优势充分发挥出来，对具有中国特色的社会主义卫生健康发展道路进行积极拓展，从而使我国人民共同破解健康难题，并将成功经验传播给其他国家，对全球人民的健康起到积极的促进作用。

(二)健康中国发展是适应发展新常态的必然

2008年,全球范围内爆发金融危机,全球经济和我国经济都受到了严重的打击,并一度陷入长经济周期的下行区间,经历了很长时间才逐渐得以恢复。我国经济发展进入“新常态”,不仅是我国经济社会发展的大逻辑,同时也是健康发展战略提出的大背景。

在经济发展处于下行区间的情况下,原来用来发展经济的手段已经无法将其作用继续发挥出来了。鉴于此,我们就面临着一个亟待解决的重要问题,即如何将改革发展难题成功破解,将新的发展动力凝聚起来。在这样的情况下,跳出经济看经济,开阔视野来发展经济事业就显得尤为重要且必要了。

从当前的形势来看,物质财富发展与人类自身发展的不平衡是我国发展中所存在的一个重要问题,随着经济的迅猛发展,尽管人民的健康水平有了进一步提高,但其中所存在的很多健康问题仍是不能忽视的。

人民健康及经济发展面临的威胁还有很多,较为典型的有社会过度依赖低成本劳动力来实现高产能、医疗服务过度商业化、资源环境安全问题严峻等,这些现实不仅对人民健康造成了损害,而且直接制约了经济发展。我国提出以人民为中心的健康中国战略思想,就是要对这种“重物轻人”的发展模式进行改革,构建新的“以人为本”的发展新模式。

我国社会发展将促进人民健康作为根本目的。人民健康和经济社会发展之间有着非常密切的关系,但目前关于这个问题,还有一些不明确的认识,比如认为经济建设比卫生工作更重要,割裂了人民健康和经济建设的关系,认为二者是对立矛盾的。

习近平同志在多个场合对健康和经济社会发展全局的关系作了全面且深刻的阐释。人民健康是全民的共同追求,是发展的根本目的。推动人民健康的优先发展,在一定程度上将马克思主义实现人全面自由发展的学说充分体现了出来,同时,这也是我国发展目标导向发生转变的重要标志。

只有人民健康水平提高了，经济发展质量和效益才有可能得到提高和增加。人是众多生产力要素中最活跃的一个因素，当前，我国许多行业都在大力进行产业改革，推动产业升级，技术、品牌等要素对产业升级的作用及意义是毋庸置疑的，但是也不能忽视的是，熟练而稳定的劳动力也是必不可少的要素。

北欧、德国、日本等国家的“工匠精神”享誉世界，这与其劳动关系稳定、社会保障体系完善有直接关系，劳动关系稳定是促进人力资本改善，提高劳动者能力的基础与前提。近年来，我国劳动力频繁流动、劳动者健康保护不健全，社会保障滞后，这些都在一定程度上影响了我国供给侧改革的落实和发展质量的提高。

当前，医疗支出增长过快，预期不稳定对我国居民的消费需求产生了一定的制约甚至抑制作用，因病致贫、因病反贫的贫困家庭比例越来越多。

只有完善医疗保障体系，向人民提供稳定的医疗服务，我国依靠国内消费推动经济发展的目标才能得以实现。当前我国许多经济部门存在严重的过剩问题，但社会和民生领域的短板和缺口却很多，因此可以及时因势利导，向社会发展领域投资更多的资源，使经济和社会发展的不平衡、物质资本和人力资本发展的不平衡等问题得到解决。

为了使福利陷阱的情况得到有效避免，我国要积极做好预防工作，并且以此为主，将医疗卫生的公益性充分发挥出来。我国应该时刻警惕已经出现在西方国家的“福利陷阱”。

这里要重点强调的是，“福利陷阱”的问题根源不在社会福利本身，而是与医疗卫生等社会保障事业的商业化、市场化发展有关，再加上在私有制经济基础上，政府调控社会事业的能力不足，这是造成费用失控局面的主要原因所在。当前，发达国家的健康问题及发展中国家的健康问题在我国并存，只有坚持预防为主，发展公益性医疗卫生事业，以群众为中心，才能在节约成本的基础上有效维护人民健康。

第三节 《“健康中国2030”规划纲要》解读

一、《“健康中国2030”规划纲要》的主要特点

《“健康中国2030”规划纲要》突出战略性、系统性、操作性和指导性，坚持目标导向和问题导向，具有鲜明的特点。

（一）突出大健康的发展理念

当前我国居民健康指标要比中等高收入国家的平均水平高，但是工业化、城镇化、人口老龄化的加剧以及生态环境、生活方式发生变化，维护人民健康面临一系列的新挑战。

根据世界卫生组织的研究，人的行为和环境对健康会产生重要影响，如果只是单纯地以疾病治疗为中心已经不能完全解决人的健康问题。《“健康中国2030”规划纲要》确定了以促进健康为中心的大健康观、大卫生观，提出这一概念要融入公共政策制定实施的全过程，统筹结合广泛的健康影响因素，全方位、全生命周期维护人民群众的健康。

（二）具有可操作性

《“健康中国2030”规划纲要》围绕总体健康水平、健康影响因素、健康服务与健康保障、健康产业、促进健康的制度体系等方面设置了若干主要量化指标，让目标任务能够更加具体化，工作过程具有可操作性、可量化性、可评价性。

《“健康中国2030”规划纲要》中明确了健康中国“三步走”目标，“2030年，主要健康指标进入高收入国家行列”的战略目标，展望2050年，提出了《建成与社会主义现代化国家相适应的健康国家》的长远目标。

(三)现实与未来相结合

《“健康中国 2030”规划纲要》围绕全面建成小康社会，实现“两个一百年”奋斗目标的国家战略，充分考虑与经济社会发展各个阶段目标相衔接，与联合国“2030 可持续发展议程”要求相衔接，同时针对当前突出的问题，创新体制机制，从全局高度统筹卫生计生、体育健身、环境保护、公共安全、健康教育等范围的政策措施，形成促进健康的合力，走具有中国特色的健康发展道路。

二、《“健康中国 2030”规划纲要》的重要内容

《“健康中国 2030”规划纲要》首先阐述了维护人民健康和推进健康中国建设的重大意义，总结出我国健康领域改革发展的伟大成就，展望了未来 15 年健康中国建设的总体战略和思路，坚持人民为中心的发展思路，牢固树立和贯彻落实创新、协调、绿色、开放、共享的发展理念，把基层作为重点，以改革创新为动力，预防为主，中西医并重，把健康融入所有政策之中。

人民共建共享的卫生和健康工作方针，提高人民健康水平为核心，强调了三个方面的内容。

第一，预防为主，培养健康的生活方式，减少疾病的发生，促进资源下沉，实现可负担、可持续的发展。

第二，调整优化健康服务体系，注重早诊断、早治疗、早康复，在强基层的基础上，促进健康产业发展，可以满足群众健康需求。

第三，将“共建共享、全民健康”作为战略主题，坚持政府主导，动员全社会参与，推动社会共建共享，每个人都可以自主自律，最终实现全民健康。

《“健康中国 2030”规划纲要》是贯彻落实中国特色社会主义的本质要求，明确将共建共享看作是建设健康中国的基本途径，坚持发展为了人民、发展依靠人民，发展成果由人民共享。

从供给侧和需求侧两端发力，综合社会、行业和个人三个层

面，实现政府牵头负责、社会积极参与、个人体现健康责任，完善制度的安排，形成维护和促进健康的强大力量，推动人人享有、人人参与和人人尽力的理念，在共建共享中实现全民健康，最终提升人民群众的获得感。

习近平总书记指出“没有全民健康，就没有全面小康”的指示精神，《“健康中国 2030”规划纲要》将全民健康作为建设健康中国的根本目的，强调“立足全人群和全生命周期两个着力点”，解决提供“公平可及”和“系统连续”健康服务的问题，做好妇女儿童、老年人、残疾人和低收入人群等重点人群的健康工作，对生命不同阶段主要健康问题以及主要影响因素进行有效干预，覆盖全生命周期，实现更高水平的全民健康。

《“健康中国 2030”规划纲要》以人民群众的健康为中心，站在大健康、大卫生的高度，紧密围绕健康影响因素，明确了《“健康中国 2030”规划纲要》的主要内容，包含了健康生活与行为、健康服务与保障、健康生产与生活环境等方面。

上述内容以人的健康为中心，按照从内部到外部、从主体到环境的顺序，特别针对行为方式和个人生活、医疗卫生服务与保障、生产与生活环境等影响因素。

（一）宣传健康生活

将健康促进作为基础，强调个人对健康负责，加强健康教育，提高群众的健康素养，开展全民健身运动，塑造自主自律的健康行为，群众将形成适量运动、合理膳食、心理平衡的健康生活方式。

（二）完善健康保障

通过健全的全民医疗保障体系，深化公立医院、药品、医疗器械流通体制改革，降低虚高价格，切实减轻群众的看病负担，改善就医感受，加强各类医保制度的整合衔接，改善医保管理服务体系，实现保障能力长期可持续。

(三)优化健康服务

健康服务的人群主要集中在妇女、儿童、老年人以及贫困人口,从疾病预防和治疗两个层面采取措施,加大对慢性疾病和重大传染病的防控力度,强化全民的公共卫生服务体系,实施健康扶贫工程,创新医疗卫生服务供给模式,保证为群众提供更加优质的健康服务。

(四)营造健康环境

针对影响群众健康的环境问题,开展大气、水、土壤等防治污染的工作,加强对食品药品的安全监管工作,强化安全生产和职业病的防治工作,促进道路安全,深入开展爱国卫生运动,建设健康城市和健康村镇,提高突发事件的应急能力,最大限度地减少外界因素对健康的影响。

(五)促进健康产业

优化多元办医的格局,推动非公立医疗机构向高水平、规模化方向发展,加强供给侧结构性改革,支持发展健康医疗旅游等健康服务新业态,积极发展健身休闲运动产业,提升医药产业发展水平,不断满足人民群众日益增长的多层次健康文化需求。

《“健康中国 2030”规划纲要》所反映的人口健康水平的主要指标包含了期望寿命、妇幼死亡率、营养状况等,从导向性、可行性、系统性等原则,围绕健康水平、个人行动和生活习惯、疾病控制、基本医疗卫生服务、健康体系支撑等重点领域,最终形成了包含健康水平、健康生活、健康服务与保障、健康环境、健康产业 5 个领域、15 个指标的健康中国 2030 核心内容体系(表 1-1)。

表 1-1 健康中国 2030 核心内容体系

领域	内容	内涵	数据来源
健康水平	人均预期寿命(岁)	0 岁的预期寿命，也就是在某一死亡水平以下，某一时间某地新出生的婴儿预期存活的平均年数	人口普查生命登记
	健康预期寿命(岁)	在某一死亡水平以下，某地新出生婴儿预期健康存活的平均年数	疾病死亡数据，寿命表
	婴儿死亡率(‰)	年内某地区未满 1 岁婴儿死亡人数与同年出生的活产数之比	妇幼卫生监测数据
	5 岁以下儿童死亡率(‰)	年内某地区未满 5 岁婴儿死亡人数与同年出生的活产数之比	妇幼卫生监测数据
	孕产妇死亡率(1/10 万)	年内某地区孕产妇死亡人数与同年出生的活产数之比	妇幼卫生监测数据
	城乡居民达到《国民体质监测标准》合格以上的人数比例(%)	反映城乡居民体质合格程度	国民体质监测结果
健康生活	居民健康素养水平(%)	反映居民可以获取和理解基本健康信息和服务，并运用这些信息和服务作为正确的决策，维护和促进自身健康	专项调查
	经常参加体育锻炼人数(亿人)	反映群众体育健身意识和行动的重要指标	中国城乡居民参加体育锻炼现状调查

续表

领域	内容	内涵	数据来源
健康服务保障	重大慢性病过早死亡率	30—70岁人群因心脑血管疾病、癌症、慢性呼吸系统疾病和糖尿病死亡的概率	年龄别死亡数据
	每千常住人口执业(助理)医师数(人)	每千常住人口拥有的执业(助理)医师数量,反映健康人力情况	卫生统计数据
	每千常住人口注册护士数(人)	每千常住人口拥有的注册护士数量,反映健康人力情况	卫生统计数据
	个人卫生支出占卫生总费用的比重(%)	某年个人现金卫生支出与卫生总费用之比,反映个人卫生负担情况	国家卫生费用核算数据
健康环境	地级及以上城市空气质量优良天数比率(%)	反映城市空气质量	生态环境部环境监测结果
	地表水质量达到或好于Ⅲ类水体比例(%)	反映城乡生态文明建设程度的约束性指标,反映地表水质量	根据国家标准《地表水环境质量标准》(GB3838—2002)判断
健康服务业	健康服务业总规模(万亿元)	某年国家或地区经济生产的全部最终健康产品和健康劳务的价值,反映健康服务业产值	国民经济核算部门数据

三、"健康中国2030"部分核心内容目标值测算

利用指数回归、线性回归和卫生规划模型测算等方法,预测分析预期寿命、妇幼死亡率、医疗人力资源等核心指标的目标值,为有关指标目标值设定提供依据(表1-2)。

表 1-2 "健康中国 2030"部分核心内容目标值预测

核心健康内容	2015 年	2020 年	2025 年	2030 年	备注
预期寿命(岁)	76.3	77.3	78.1	79.04	模型测算值
健康预期寿命(岁)	69	70	71	72	推测值
婴儿死亡率(‰)	8.09	7.18	6.36	5.61	模型测算值
5 岁以下儿童死亡率(‰)	10.7	9.46	8.37	7.41	模型测算值
孕产妇死亡率(1/10 万)	20.1	16.58	13.66	11.21	模型测算值
每千常住人口执业(助理)医师数(人)	2.21	2.49	2.99	3.38	模型测算值
每千常住人口注册护士数(人)	2.36	3.0	3.78	4.58	模型测算值

(一)预期寿命

采用指数回归方法对 2030 年全国 5 岁以上人群年龄别性别死亡率进行估算,以第四、五、六次人口普查完整寿命表中死亡率数据为基础,将以联合国人口基金会预测的 2030 年婴儿死亡率及 5 岁以下儿童死亡率代替普查预测结果,由此获得 2030 年全国分性别各年龄组死亡率及死亡概率与普林斯顿模型寿命表进行比对,死亡曲线十分接近。

(二)健康预期寿命

2012 年 WHO 预测我国人口出生预期寿命为 75 岁,健康预期寿命为 68 岁,相差 7 岁,假设我国预期寿命和健康预期寿命差距保持恒定,以 5 年增长 1 岁的速度发展,预测出 2015 年、2020 年和 2030 年的健康预期寿命。

(三)婴儿死亡率、5 岁以下儿童死亡率、孕产妇死亡率

卫生规划模型测算软件是联合国儿童基金会、世界卫生组织等机构联合研发的成本效果软件分析工具,可以模拟预测妇幼死

亡率变化情况，结合我国第六次人口普查数据、高效妇幼干预措施干预覆盖及未来实施目标数据，可以预测出到2030年，我国婴儿死亡率、5岁以下儿童死亡率和孕产妇死亡率。

（四）每千常住人口执业（助理）医师数

2008—2014年执业（助理）医师数拟合指数回归模型，可以预测出到2030年，执业（助理）医师数的具体人数。

（五）每千常住人口注册护士数

以2008—2015年注册护士数拟合线性回归模型，可以预测出到2030年，每千常住人口注册护士数的具体人数。

四、《"健康中国2030"规划纲要》的落实

（一）立法保障，政策引导

追求最高的健康水准是每个人的基本权利，需要通过立法保障群众追求自身健康的权利，实现"人人享有健康保障"。我国教育事业具有一系列规范的法律保障，宪法中包含了关于教育的条款，我国教育事业改革和发展的基本法是《教育法》，在基本法的框架下先后制定并实施的教育单行法有6部，基本实现了教育事业"有法可依"、"有法必依"的原则。1986年全国人大常委会通过《义务教育法》，宣传教育、贯彻执行，到2008年基本实现了《义务教育法》规定的权利和义务。我国卫生与健康工作缺少母法规范，缺少内容充实、结构合理的法律体系，直接影响到人民群众的健康水平，实现健康国家总目标。

健康共同价值观的形成需要弘扬法治精神，卫生法治建设的当务之急是要加快卫生法的制定与实施，目前我国医疗卫生行业还没有出台一部规范各类健康服务行为的根本法律，2017年7月1日《中医药法》开始实施，我国健康服务相关法律体系建设迈出

重要一步，但是还不能满足规范健康服务领域的全部内容。

加快推动《国民健康法》及健康事业各项单行法的立法进程，把两次重要会议确定的重大原则尽快纳入法律，保障全民健康列为我国的基本国策。

健康共同价值的实现不仅需要国家法律的规制，还需要建设完备的法律法规体系，确立人们与健康相关的行为底线，有助于形成健康的社会风尚，加快推动《国民健康法》及健康事业各项单行法律、法规、部门规章制度的立法进程，将两次重要会议确定的重大原则尽快纳入法律，将保障全民健康作为我国的基本国策。

(二)制定具体的行动方案

落实分目标需要出台具体行动方案，一项具有可操作性、可实施性的行动计划包括了分目标的确立，保障了分目标顺利实施过程中需要的方针、政策、程序和方法，能够让各个项目分目标最终实现。

确立了将我国建成与社会主义现代化国家相适应的健康国家这一总目标后，“健康中国 2030”规划纲要分章论述了普及健康生活、优化健康服务、完善健康保障、建设健康环境、发展健康产业、健全支撑与保障、强化组织实施等七个分目标，但是没有设置具体的行动计划。

相关部门要抓紧研究目标的行动计划，目标管理的基础就是计划，可以使所有组织内的行动集中于目标，严格规定各分目标完成的期限和考核指标。

我国目前的卫生体制机制设立并没有从整合健康服务的角度考量，需要加快大部制改革的步伐，落实《国务院关于加快发展养老服务业的若干意见》，积极推进医疗卫生与养老服务相结合的工作，打破各部门间的行政壁垒。建议成立“国家健康委员会”来统领健康中国规划纲要的实施，为健康中国建设提供强有力的工作机制和管理体制保障。

(三)统筹协调,齐抓共管

确立了健康中国建设的七个分目标后,各级政府需要尽快组织各部门人员学习《"健康中国 2030"规划纲要》,认真解读、贯彻执行,健康中国建设需要党政领导"一把手"亲自抓、带头做,推进健康中国建设摆上重要日程。1955 年,毛泽东发出"一定要消灭血吸虫"的伟大号召,要求全国省(自治区)、市、县各级领导"一把手"亲自抓消灭血吸虫的工作,呈现出了"千军万马"战"瘟神"的局面,农业、财政、水利、卫生等各方面齐心协力、共同努力,取得举世瞩目的成就。

《"健康中国 2030"规划纲要》将加强健康教育、建设健康环境等作为主要内容进行阐述,这些目标的实现需要跨部门密切合作,把健康治理融入社会经济发展中。

2012 年发布的《"健康中国 2020"战略研究报告》中曾提出将涉及健康的相关职能部门予以整合,或将成立国家健康委员会,改变多头管理、责权不清晰、统筹协调不力的局面。

通过历史实践经验表明,一个地区或单位,"一把手"的带动作用至关重要,"一级做给一级看、一级带着一级干",健康中国的建设不仅仅是卫生部门的工作,还需要全社会的参与,总体之和将大于局部的简单相加,形成正能量。

从社会治理的角度来看,建设健康中国的关键在于"治理",对治理的理解可以从三个方面来看:第一是法治,社会治理层面政府如何联合社会组织和个人应对人民群众健康问题,如何依靠法律在制度设计层面实现人人享受健康保障;第二是管治,健康服务模式的构建、健康产业体系的形成;第三是具体的医疗卫生技术等微观层面上的治理。

由于健康相关利益主体关系复杂,合并不可能一次性到位,之前国家计生委和卫生部的合并也是健康领域"大部门"改革的步骤之一,其他相关部门还包括医疗保险、环境保护、体育运动等,需要逐步实现相关职能整合。

（四）形成自我管理

培养人民群众的参与健康中国建设的意识，认识到自己成为既定目标下的一员，所有的行动和规划将成为最后的落脚点，“维护与促进每个人的健康”。设定一个人的目标，诱导人们为了目标积极行动起来，形成“个人实现自己制订的个人目标，从而实现部门单位目标，进而实现组织的整体目标”，健全机制。

2012 年，习近平在接受《华盛顿邮报》采访时提到每个人都要学会在工作和生活之间寻找平衡，生活休闲可以让我们精力充沛地投入到工作当中。建设健康中国，需要落实在个人身上就是健康自我管理。在《“健康中国 2030”规划纲要》中多次提到了要提高公民健康素养，到 2030 年，居民健康素养水平从现在的 10%提高到 30%。

健康素养就是个人获取和理解基本健康知识，利用这些知识作出正确决策，维护和促进个人健康的能力，健康素养对个人健康的影响力占比较大，健康四大基石的每一部分最终落脚点都是居民个人的健康生活方式形成。

在全社会形成健康中国建设“人人有责、人人参与”的氛围，提倡设置个人健康目标，倡导健康的生活方式，每个人加强对自我健康的管理，人民共建共享，各级政府、组织、个人都应该建立“以人民为中心”的发展思想，保障健康促小康。

健康共同的价值观需要将健康教育和健康管理课程纳入学校教育体系中，重视和发扬祖国传统文化中关于健康的认知，健康治理作为一种复杂的社会系统工程，利用我国传统文化的思维方式与价值偏好，挖掘祖国传统医学中关于健康与疾病认知的内容。

（五）完善保障体系建设

政府首先要调整角色定位，“管好该管的，退出不该管的”，以权力制衡为中心，注重各方利益的实现，增加和社会组织与居民的互动交流，加强综合治理的合力，重视有效沟通，建立常态化的信息交流机制，包括整合网站、微博、微信公众号等多元沟通平台，克服“上有政策，下有对策”的政策落实障碍。

无论是组织的总目标还是各级分目标，都要加强保障体系的建设，综合考虑分阶段、分任务的考核、评估、验收目标执行情况。如果没有考评机制就没有反馈和评价的过程，目标管理的动力也就不足，很难实现目标。

业兴于才，才以业立，直接关系到健康中国建设的众多保障体系，人才建设是最基础、最关键的部分，《关于促进健康服务业发展的若干意见》中明确体现了必须加大对健康管理人才的培养力度。

近几年来，中华医学会健康管理学分会以及各省、市健康管理学会、协会等组织共进行了千余场健康管理专题讲座和短期培训，辐射面达到近 2 万人。根据国家卫生计生委人才交流服务中心的报告，全国具有培训与考试资质的健康管理师培训中心已经规范化地培训了 2 万余名健康管理师，充实了健康管理的人才队伍。

目前，健康管理学科还没有进入国家医学学科目录及教育体系，大部分健康管理的服务机构并没有在编制范围内，而是属于编外机构，健康管理专业没有列入医学职称系列和医学教育系列，直接影响到学科人才队伍建设，由此就需要解决人才培养的问题。

2016 年，浙江省医学会健康管理学分会在中国健康促进基金会、中华医学会健康管理学分会的指导下召开中国健康管理学科发展论坛，20 多所大学校长、20 多个省的健康管理学会主任委员及卫生计生委、健康产业界等相关部门代表共同研讨“健康中国 2030”战略下的中国健康管理学科发展、人才培养及职业规划等问题，最终达成了《中国健康管理学科发展（ U20 峰会）杭州共识》，推进健康服务业发展，实现健康中国梦。

建立持续质量改进的健康服务质量评估机制，有效落实评估机制的难点在于缺乏科学的评估体系反映真实绩效，利用卫生服务的过程及结果指标来评估健康政策的实施效果。在推进“以健康为中心”的多主体协同治理机制建立时，特别设立制度设计是否合理的指标。

取得量化数据后，应用于健康政策的评估，每一部门都需要寻找适宜的指标，不断变化的卫生服务过程质量体现在结局的改变中，致使人群健康水平发生变化是结果评估的核心要素，是评估“以健康为中心”服务模式绩效至关重要的内容。

鉴于健康治理活动中存在部分无法量化的内容，建议在大型健康治理项目运行中设立第三方独立评估机制，从政策的全面性、信息传递的时效性、统计数据的精确性等方面进行评估。

(六)开拓社区治理模式

社区治理是指各主体协同合作，有效供给社区公共物品，满足社区需求的过程与机制，建设健康中国的过程中，广泛运用社区治理模式，应对人口老龄化和独生子女家庭结构的压力，2013年至今，国家层面出台了《关于加快发展养老服务业的若干意见》等多个文件，目的就是为了探索医养结合的服务模式。

由于我国传统习俗、经济发展水平、生活习惯等因素的影响和限制，目前的养老模式还是以居家养老为主，意味着在相当长的一段时间内，老年人仍然选择在家中养老，以基层医疗卫生机构和社区老年照护机构为主要服务提供方，搭建机构养老与居家养老的桥梁，实现资源双向流动，拓展和优化养老及健康服务内涵。

医养结合服务的实施范围以社区为主，通过社区的日常照料和护理，提高被照料者的生活能力，提高生活质量，在医养结合概念提出的初期，其服务并没有体现出“以健康为中心”的理念，为老年人提供日常生活的支持。

事实上，医养结合服务模式需要为老年人在社区范围内提供健康教育、生活照护、医疗保健康复等服务，以健康为中心，实现老有所养、老有所依、老有所乐。

2015 年浙江省在杭州市江干区成立了首个医养护一体化服务管理中心，医生可以上门对社区老年人进行护理、康复、营养和用药，社区与大医院进行对接，出院后仍需要护理或康复治疗的病人，由管理中心进一步安排居家医疗服务。建立完善的社区健康治理体系，有助于政府支持公民、社会组织和企业等主体统筹协调资源，发挥“1＋1 ＞2”的作用，从社区这个层面对健康共同价值观进行落实。

第二章 运动健康促进的学科基础与基本理论

当前，健康中国已经成为社会主义建设中非常重要的一项任务，在这样的背景下，运动健康促进就显得尤为重要。运动健康促进是需要一定理论基础的，这主要涉及学科基础和基本理论两个方面。本章首先对运动健康促进的相关学科基础进行阐述，接着对运动促进人体健康的基本原则和方法进行分析，由此将运动健康促进的理论基础体系建立起来。

第一节 运动健康促进的相关学科基础

健康教育与健康促进具有独特的学科体系，构建在生物学、行为学、社会学、传播学和公共卫生学等学科的基础上，是多学科实践、原则和概念的综合。这种综合是建立在循证医学的基础上的，客观证明它是健康教育与健康促进的科学理论基础。

一、运动健康促进的预防医学基础

（一）预防医学的基本理论

预防医学是以群体为研究对象，依据预防为主思想，应用基础医学、环境医学等有关学科的理论和流行病学、统计学、毒理学等方法，研究自然和社会因素对健康和疾病的影响及作用的规律，采取卫生措施以达到预防疾病、促进健康、延长寿命的科学。

预防医学是从医学科学体系中分化出来的，它是研究预防和消灭病害，讲究卫生，增强体质，改善和创造有利于健康的生产环境和生活条件的科学。预防医学与临床医学不同之处在于它是以人群为对象，而不是仅限于以个体为对象。医学发展的趋势之一，是从个体医学发展到群体医学，今天许多医学问题的真正彻底解决，与群体和群体医学方法有着不可分割的密切联系。

（二）预防医学与运动健康促进

预防医学是以“环境—人群—健康”为模式，以人群为研究对象，以预防为主要思想指导，运用现代医学知识和方法研究环境对健康影响的规律，制定预防人类疾病发生的措施，实现促进健康、预防伤残和疾病为目的的一门科学。

健康促进属于预防医学的范畴。在健康教育和健康促进的实践中特别强调流行病学及统计学方法的应用；健康教育和健康促进学科与环境、劳动、妇幼、营养、儿童青少年卫生等学科的专业理论和实践相互渗透。

预防医学具有非常显著的特点，主要表现为：工作对象包括个体和群体；工作重点是健康和无症状患者；对策与措施更具积极预防作用；更具人群健康效益；研究方法上更注重微观和宏观相结合；研究重点是环境与人群健康之间的关系。

该学科应用现代医学及其他科学技术手段研究人体健康与环境因素之间的关系，制定疾病防治策略与措施，以达到控制疾病，保障人民健康，延长人类寿命的目的。随着医学模式的发展，该专业日益显示出其在医学科学中的重要性。

二、运动健康促进的社会医学基础

（一）社会医学的基本理论

社会医学是一门医学和社会科学相结合的边缘学科。它主要研究社会因素和健康之间的相互作用及其规律，以制定社会保健措施，保护和增进人群的身心健康。

从大量的研究中发现，对人类疾病与健康产生影响的因素有很多，并且这些因素之间是互相关联的。例如，人类某种疾病既可以在分子生物学水平上找到结构缺陷，也可在反映器官功能的生理生化指标发现异常，还可以追溯到患者家庭和人际关系方面出现的障碍。社会因素在疾病发生和发展过程中的重要作用更不能忽视。这些生物、心理和社会因素常常互为因果、综合作用，引起疾病发生、发展的多样性和复杂性。因此，人们不仅要从生物因素，还要从心理和社会因素方面出发来认识和防治疾病。这就客观上要求医学与社会学、医学与心理学之间相互渗透，从而对医学的进一步发展起到积极的促进作用。由于人具有生物和社会的双重属性，因此，对于生命、疾病和健康的本质认识，也需要从这两种属性及其相互关系上进行探索。

社会医学是从社会的角度研究与人群的生、老、病、死有关的医学问题，在生命的准备、生命的保护和提高生命质量三个不同阶段中研究社会因素发挥的综合作用，研究卫生保健和医疗卫生事业管理的理论依据，为保障人群健康制订相应的卫生目标、政策、策略与措施。社会医学运用流行病学、卫生统计学、卫生管理学、社会学、医学心理学和人口学等学科的理论知识与研究方法，研究社会卫生状况及其变动规律，为改善社会卫生状况和提高人群健康水平将卫生政策和策略制定出来。

当前，生产社会化和科技现代化程度不断提升，越来越多的医学科学技术成就将社会因素对健康与疾病有着不可忽视的作用充分阐明了出来。因此，社会医学的兴起，是医学现代化进程的一个标志，是科学技术进步的必然结果。由于人口老龄化进程加速和疾病谱从传染病为主向以慢性非传染性疾病为主转变，医学模式从传统的生物医学模式转变为生物—心理—社会医学模式，与此相适应的医疗卫生服务已向四个方面扩大，即从单纯治疗扩大到预防保健，从生理扩大到心理，从医院服务扩大到家庭和社区，从单纯的医疗技术措施扩大到综合的社会服务。为了与医学模式转变相适应而发生的上述四个变化，是医学社会化的必然趋势，也是产生社会医学的客观依据。

具体来说，社会医学的研究内容主要有以下几个方面。

(1)对社会卫生状况的研究，主要是人群健康状况。社会医学以群体为研究对象，应用社会调查的方法，研究社会卫生状况，寻找主要的社会卫生问题，发现健康弱势人群及重点防治的对象，找出危害人群健康的主要危险因素以及应对策略，对社会卫生问题作出社会医学的“诊断”。

(2)对影响人群健康的因素的研究，特别是社会因素。社会医学应用现况调查、回顾性调查及前瞻性调查等多种研究方法，研究各种因素特别是社会制度、经济状况、文化因素、人口发展、生活劳动条件、行为生活方式以及卫生服务等众多社会因素对人群健康的影响，对现有的社会卫生问题进行社会病因学分析，为制订社会卫生策略提供政策依据。

(3)对社会卫生策略与措施的研究。社会医学不仅要通过社会卫生调查及社会病因学研究找出当前存在的主要社会卫生问题以及严重程度，更为重要的是针对存在的卫生问题及其产生问题的原因提出改善社会卫生状况，提高人群健康水平的综合性、社会性策略与措施，即提出社会医学的“处方”。这里所指的社会卫生策略与措施不是单纯的医疗卫生技术措施，而是指卫生发展的战略与策略、目标与指标、政策与措施等，通常包括合理配置卫生资源，科学组织日常卫生服务和突发公共卫生事件应急机制，发展医疗卫生事业，研究与保护人群健康相适应的政治、经济、法律和文化教育等方面的策略与措施。

维护与促进人群健康，提高人们的生命质量和健康水平，是医学的基本任务所在。社会医学重视社会因素对人群健康及疾病的影响，重视那些主要由社会因素引起的疾病，如社会病、意外伤害、精神疾病、性病、艾滋病及公共卫生事件的发生、发展及流行规律，重视社会病因研究及制订社会防治策略。社会医学尤其重视某些特殊人群，如老人、妇女、儿童、残疾人及接触职业有害因素的企事业职工等“高危人群”。他们不仅人数众多，还由于生理、病理及生产、生活方式容易受到健康危险因素的影响，需要对特殊人群的健康状况及其危险因素，采取有针对性的社会卫生措施。

由此，可以将社会医学的基本任务大致概括为：通过社会卫生调查，掌握社会卫生状况，特别重视人群健康状况及其变动规律，发现主要社会卫生问题及其影响因素，提出改善社会卫生状况即保护人群健康状况的策略与措施，为卫生事业决策提供科学依据，包括为政府及相关的管理和决策部门制定卫生工作方针政策、确定卫生工作重点、编制卫生事业发展计划、科学组织卫生服务、加强卫生事业的监督和评价。在我国，社会医学的主要任务是从中国的实际出发，研究并解决中国的社会卫生问题。同时，通过研究世界卫生状况及其发展规律，了解世界各国面临的社会卫生问题及全球卫生策略，借鉴世界各国卫生事业发展的经验和教训，追赶世界各国现代医学发展的潮流。因此，在社会医学研究内容中应该包括国际卫生保健的基本任务。

具体来说，社会医学的基本任务可以大致分为以下几个方面。

(1)倡导积极的健康观，保护和增进人群的身心健康和社会活动能力，提高人群的生命质量。世界卫生组织提出健康的概念应该从社会、心理和生理三方面积极维护和促进健康。为了适应医学模式的转变、推动医疗卫生事业传统观念的转变，在疾病防治和医学教育计划中，需要强调影响人群健康既有生物因素，又有心理因素和社会因素。对有些疾病来说，心理和社会因素往往要比生物因素更为重要。通过健康危险因素评价和健康相关生命质量评价等社会医学评价技术，采取综合性卫生措施，促进人们改变不良的行为和生活方式，减少危险因素，有效控制疾病的发生，提高健康水平。

(2)使社会卫生状况得以改善，人群生命质量和健康水平得到有效提高。社会卫生状况是由人群健康状况和人群健康影响因素两部分组成。通过系统分析社会卫生状况的现状、特征、变化及发展趋势,从宏观和微观的角度分析卫生政策、社会经济、卫生资源、保健服务和习惯行为等对人群健康的影响,找出存在的社会卫生问题,提出改善社会卫生状况和提高健康水平的策略与措施。

(3)将卫生政策和策略制定出来,对区域性的卫生改革与发展起到积极的指导作用,并且积极开展社区卫生服务和发展初级卫生保健。在一定区域内通过调查分析人群的健康需求,了解卫生资源的使用和分配,研究人群卫生服务利用的公平程度,探讨卫生资源配置及提高资源效率的途径,提出满足人群健康需求的对策与措施,为评价和提高卫生事业的社会效益和经济效益提供科学依据。

(4)做好特殊人群和特种疾病的预防保健工作的开展。特殊人群指处于高危险状态的人群,如妇女、儿童、老人、残疾人群和有害作业职工。与社会因素发生、发展密切联系的社会性疾病如意外伤害、精神疾病、酗酒及毒品滥用、性病、艾滋病及其他传染病都与人们的行为和生活方式相关。高危人群的医疗保健工作和社会病的防治必须与社会各部门密切合作,动员广大群众参与,才能为特殊人群的疾病防治任务提供一定的帮助。

(二)运动健康促进与社会医学

健康教育和健康促进要借鉴社会医学研究医学问题时所侧重的战略性、理论性和方向性及其思维观念。从社会学角度研究和分析人群的主要健康问题,制定宏观与微观结合的不同层次的干预措施,提高人群的生活质量。

随着经济的发展,人们的物质生活水平得到了较大程度的提高,面对的健康危险因素也越来越复杂多样。小到个人的生活习惯,大到城市的经济状况、国家的政策乃至全球的气候变化,都与人们的生命健康息息相关。面对健康问题,不能简单地再以生物医学模式考虑，而是需要在社会医学理论知识的指导下，遵循生物—心理—社会医学模式，从行为生活方式、自然和社会环境等方面采取综合措施，控制危险因素，预防和减少疾病，使全民健康水平得到不断提高。

《“健康中国 2030”规划纲要》明确提出“形成有利于健康的生活方式、生态环境和经济社会发展模式，实现健康与经济社会协调发展”①。当前是推进健康中国建设的关键时期，更需要对社会医学进行再学习和再认识，体会其真正的价值所在，切实与实际生活相联系，从而使健康中国的战略目标得以早日实现。

三、运动健康促进的行为科学基础

(一)行为科学的基本理论

行为科学是运用实验和观察的方法研究在一定物质和社会环境中人的行为规律的科学，涉及心理学、社会学和人类学等主要学科。

1. 行为科学的任务

中国特色行为科学的首要任务是从多角度、多侧面、多方位对中国的行为规律进行研究，并作出改善人行为的种种措施。行为科学中国化，必须对人的管理方面的来源进行扬弃工作。

第一，要做好我国古典行为科学的扬弃，特别注意孔子学说如何铸造中国人心理深层结构。

第二，要做好现代行为科学的扬弃，社会主义企业不仅重视人性，而且要创造“合乎人性的环境”，不仅要把工人当作人看待，而且要使他们实实在在地感受到是企业主人。

第三，要做好思想工作中的扬弃工作，在思想工作中提倡人

---

① 王茜，王健，张悦. 学好社会医学 助力健康中国建设[J]. 卫生职业教育，2018，36(12)，1—2.

格平等、情感平等以及权利和义务平等。[①]

2. 行为科学的基本内容

(1)个体行为。个体行为是行为科学分析研究组织中人们行为的基本单元。在个体行为这个层次中，行为科学主要是用心理学的理论和方法研究两大类问题，一类是影响个体行为的各种心理因素；另一类是关于个性的人性假说。

(2)动机理论。社会心理学家和行为科学家认为人的行为都是由动机引起的，而动机是由于人们本身内在的需要而产生的，能满足人的需求活动本身就是一种奖励。

(3)群体行为。群体行为在组织行为学中是一个重要的问题，它主要探讨群体是一种非正式组织、群体的特征、群体的内聚力等。

(4)组织行为。行为科学家认为，一个人的一生大部分时间是在组织环境中度过的。人们在组织中的行为即称为组织行为，它建立在个体行为和群体行为的基础上。通过研究人的本性和需要，行为动机及在生产组织中人与人之间的关系，总结出人类在生产中行为的规律。

(二)运动健康促进与行为科学

健康教育与健康促进着眼于个人、群体乃至组织行为的改变，因此行为科学是健康教育与健康促进的基础学科。要研究人类行为发生发展的规律以及各种影响因素，掌握有关行为改变的理论及改变个体、群体和社会行为的规范和途径。

健康教育的基本任务是传播卫生信息，促使人们接受、相信并自觉地行动起来，从而达到身体、精神和适应社会的完满状态。人们是否能够接受传播的卫生信息？决定于我们能够从社会、心理、文化、生活各方面了解分析人们对健康知识的需求；决定于我

① 杨明权，韩景卫. 行为科学[M]. 西安：陕西人民出版社，2003.

们是否讲求传播的效应。人们接受传播后是否相信并树立相应的卫生信息，进而激发动机、转变行动。行为科学将一切有关行为的理论知识与研究和探索人类行为发生和发展的规律综合了起来。它既要结合人的主观世界。例如，需要、欲望、情绪、思想、动机、性格、爱好、思维、心理机制与研究行为规律，又要研究群体人际关系对行为的影响。因此，无论从理论还是应用的角度看，行为科学都是健康教育的基础科学之一。

1. 健康习惯与不良习惯

习惯从健康角度出发，可分为健康习惯和不良习惯。健康习惯，即人们所表现出来的有益于心理、身体健康的各种行为和进行的一切正常活动，如合理膳食、每天锻炼、不嗜烟酒、精神卫生等。不良习惯即不利于身心健康的各种行为和生活方式，并形成一种不假思索的自觉性行为，如吸烟、酗酒、随地吐痰等。目前，人们已经发现由不良行为导致疾病，已日益影响着健康，正如著名医学家、社会学家诺勒斯提出："99%的人生来就是健康的，但由于以后的社会环境和个人的不良习惯而使人生病"①。确实，如今威胁人们健康的诸如心脏疾病、恶性肿瘤、性病等无不和不良习惯有关，不良习惯给人类健康可造成极大的危害。

2. 健康习惯的倡导

在科学技术迅速发展的今天，人们的文化水平和生活水平有了空前的提高，尤其是随着第一次公共卫生革命的胜利，威胁人民健康和生命最大的疾病已不再是传染病，而是被心脑血管病、恶性肿瘤、糖尿病等所取代，这些慢性退行性疾病主要是因为人类不能适应高度"文明生活"所发生的种种生活和精神上的失调而引发的，所以被称为"富贵病"或"生活方式病"。② 生活方式和人们的行为习惯与这些慢性退行性疾病之间有着非常密切的关

① 张红. 浅论行为科学与健康的关系[J]. 浙江预防医学，2000(07)，51.

② 安桂琴. 浅谈健康教育与行为科学[J]. 内蒙古中医药，2007(12)，1.

系，同时也是当前许多其他疾病的重要因素，如传染性疾病、意外伤亡、职业病、心身疾病等。这就要求我们注重心理卫生，调整控制自己的情绪，培养开朗、达观、坚强、稳定的心理，增强适应紧张刺激和生活事件的能力，这样不仅有助于建立正常的心理状态，减少或防止各种自身疾病，也是促进心身健康，提高生活质量的重要方向。近些年来，心身医学正逐步发展成为行为医学这一新的人文学科。行为医学是关于把健康与疾病有关的行为科学知识技术、生物医学科学技术整合起来，在疾病的预防、诊断、治疗和康复的主要科学中得到广泛应用。

在改善生活方式工作环境的基础上，更要使自己的行为思维方式得到改善，自律行为增强，正确的人生观树立起来，并且还要合理膳食，均衡营养，从而达到养生防病的目的，提高生活质量。

2. 帮助改变不良习惯的方式

以行为科学的基本原理为主要依据，要改变人们的行为主要是对人们的某种行为习惯给予肯定或否定，以使这个行为习惯巩固或消退，进而达到控制行为发展的目的。它包括两个方面，一个是“正强化”，即对健康习惯给予肯定，使之继承发扬；一个是“负强化”，即对不良行为进行控制、改造。

四、运动健康促进的教育学基础

（一）教育学的基本理论

教育学是一门研究教育现象、教育问题及其规律的社会科学，它在人类生活中有着非常广泛的应用。通过对教育现象、教育问题的研究来将教育的一般规律揭示出来。

教育是广泛存在于人类生活中的社会现象，是有目的地培养社会人的活动。为了有效地进行教育活动，必须对其进行研究，经过长期积累而成为教育学特定的研究对象。特别是现代社会的发展，现代教育实践的发展，对于教育学研究提出更新、更高的要求。人们深入研究的教育问题很多，其中具有代表性的有：教育本质问题，教育、社会、人三者关系问题，教育目的、内容、教育实施的途径、方法、形式以及它们的相互关系问题，教育过程问题，教育主体问题，教育制度、教育管理问题，以及反映中国特色的各种教育理论和教育实践问题等。教育学通过对各种教育现象和问题的研究将教育的一般规律充分揭示出来。

（二）运动健康促进与教育学

从健康教育的字面上来说，健康教育是健康与教育的有机组合。人群从接受健康信息到行为改变，其本质上就是一个教育过程。教育是教与学的研究和实践，有特定的教育规律和一系列教学原则，如直观性原则、理论与实践结合原则、因材施教原则等均是在健康教育实践中必须遵循的。健康教育工作者必须对教育对象的需求有熟练的了解和认识，并且还要熟练掌握根据不同教育对象的文化背景，设计教育课程，安排教学内容的技术，运用不同的教学方法，实施因材施教，并进行效果评价。

1. 青少年体质健康的教育学影响因素

教育学方面影响青少年体质健康的因素主要有以下几个方面。

（1）应试教育观念。从文化的角度来看，在亚洲，很多儒家文化辐射的国家和地区，包括中国在内，对读书都非常重视，而对身体活动的意识则往往忽视掉。人的精力是有限的，未成年人在读书方面花费了过多的时间和精力，那对体育活动的关注和参与就难以保证。在应试教育向素质教育的转变过程中，传统教育思想也还会在一定范围内以不同的形式发挥着影响。特别是升学考试内容和选拔标准直接引导着学校、学生的价值取向和行为选择。

在当前素质教育逐渐深化的过程中，中小学生课外时间不断增加,学生的课业负担逐渐减轻。但是,这些并没有将预期的作用发挥出来,那些本来为学生减负和健康成长所留出的时间被五花八门的课外辅导和技艺培训充斥,“野蛮其体魄”不增反减。与此同时,青少年由于频繁的复习考试和激烈的竞争承受着巨大的心理和精神压力,对其身心健康甚至生命安全造成了较大的威胁。这种应试教育观念与素质教育理念之间的矛盾及其衍生的问题颇具共性,逐步受到社会各方的广泛关注。

另一方面,由于受到长期的“应试教育”思想影响,那些没有成为应试内容的科目被学校不自觉地忽视了,学校体育也是如此。学校体育的经费投入、课程时间保证、场地设施改善等方面的不足与学生的健身需求之间形成了矛盾。卫生知识和安全教育在课程内容和课时上都已经无法使社会发展和学生健康成长的需要得到较好满足了。因此,树立“健康第一”理念,切实转变教育观念,努力改善青少年健康状况是深化素质教育的重中之重。

(2)体育教育时间的影响。“每天活动一小时”并未在我国学校得到真正落实,体育课时间无法得到保证。据了解,由于社会、学校、家长对学生文化课学习施加压力较大,多数学校正常的体育课经常被挤占,全国城乡学校体育课平均开课率比较低,课时也达不到课程标准。毕业班体育课时更少,部分农村中小学甚至取消了体育课。学生的课外体育活动无从保证,这就直接达成了学生目前的身体素质偏低。

从相关调查中发现,许多中小学生是喜欢体育锻炼的,但是在学校体育锻炼时间上无法得到保证,在课下锻炼又缺乏运动场所和有效组织,且无人传授自己感兴趣项目的技战术方法。这就对学生参加体育运动的积极性产生了非常大的影响,这种现象在广大农村地区尤为突出。

(3)体育教育内容。体育教育内容也会对青少年的体质健康造成一定的影响,具体表现在以下几个方面。

① 教学内容单一。长期以来,我国中小学体育课的趣味性欠缺,课堂教学内容竞技性太强,教学内容单一,而能够体现学生个

性、能够让学生自由发挥的内容不多。在中小学体育课程长达十余年的学习中，学生难以根据个人爱好去选择、学习、掌握一种能使自己受益终身的体育项目和运动技能，体育教学与身体锻炼没能做到有机结合。

当前，我国学校体育教学内容的技巧性、益智性、节奏性、团体性的体育项目较为缺乏，这就很难将学生的兴趣调动起来，也很难对学生团结协作和集体主义精神进行培养。学生们缺乏主动学习的积极性，学习效果难以保证，学生们更不会在课余去应用这些项目锻炼身体。所以，教学内容的单一、枯燥对学生锻炼的自觉性产生了一定的抑制作用，从而导致其体质有所下降。

② 健康教育内容缺失。近年来，虽然我国政府的部分法规文件中对健康教育有明确要求，却难以落实。在为数不少的学校中，没有专门的负责人员和专业的教师来保障健康教育的实施。目前我国中小学生近视率居高不下，主要是由不正确的用眼习惯造成的，但在我国学校教育过程中，很多学校没有向学生专门传授过这方面的保健知识。所以，学校应该对健康教育课程进行深入研究和科学设置，从而使对学生的健康教育进一步加强。

2. 从教育学角度出发促进青少年体质健康

对青少年体质健康起到积极的促进作用的教育学途径和手段主要有以下几个方面。

(1)使体育锻炼重要性的宣传力度进一步加大。要通过宣传，使广大人民群众对我国国民体质的现状有所了解和认识。当前，许多学校、家长对青少年的体质健康状况盲目乐观，对本国青少年体质现状的客观认识不够，造成对增强青少年体质的重要性缺乏认识。在认识国情的同时，还要和西方发达国家及邻国的青少年体质现状进行对比，看到差距才能提高紧迫性，才能学习各国的有益经验和措施，为真正改善青少年体质状况提供可操作性的解决方案。

加强宣传教育，就需要使宣传渠道和范围不断扩大，要将一切可以利用的传媒途径利用起来进行宣传，不断增加受众的人数，提高全社会对青少年体质问题的关注度。除了广播、报纸、电视、网络等渠道外，还可以通过科学家、体育明星、娱乐明星等公众人物进行健身宣传。这些公众人物有极强的号召力和大批的崇拜者，极易成为群众学习模仿的对象，他们的现身说法能带来巨大的影响力。这对加速教育观念的转变，扩大体育健身的群众基础意义重大。

（2）使体育教育的时间得到保证。要想使青少年体育教育的时间得到保证，可以从以下几个方面着手进行。

① 采用多种手段将中小学生吸引到运动场上。一方面，教育部门、学校要通过适当的培训和教学活动，对中小学生观看比赛、参与比赛的兴趣进行积极培养，进而在学生中组织体育比赛；加强媒体宣传，适当增加中学生、大学生比赛的播出频次；明星人物积极参与体育公益活动和中小学生进行互动游戏；深入挖掘相关素材，多生产高质量的体育题材的影视作品和文学作品。总之，从中小学生耳听目见的一切入手，营造体育氛围，把他们吸引到运动场上去。

另一方面，学校要把学生的课余时间有效地利用起来，组织各种项目的兴趣小组；在寒暑假积极开展夏令营和冬令营活动，配备专业的老师进行指导，使学生在参与体育锻炼时有人管理、有人做伴，让家长放心、孩子开心。

② 开展专项督导，形成学校体育长效机制。各级教育行政部门要切实转变督导评估观念，将保证学生健康成长、增进学生体质健康作为评价一所学校工作的重要指标。定期开展以落实学生每天活动一小时、保证体育课时充足、实施《国家学生体质健康标准》和开展“阳光体育活动”为重点的学校体育工作专项检查，检查结果作为评价各学校、各地区教育工作的重要依据。让“每天锻炼一小时，健康工作五十年，幸福生活一辈子”的理念深入人

心，促使学校体育长效机制的建立[①]。

③ 学校在健康教育、安全教育的课时量上要适当增加。安全、健康教育也会在一定程度上影响到青少年体质健康，它们在发达国家的教育体系中占据的位置是非常重要的。然而，我国目前安全教育的实施在许多学校仍处于空白状态，健康教育也形同虚设，学校没有安排专门的、系统的教育时间。为此，我们须针对我国的国情和各地的实际情况，有针对性地加强对学生的健康教育和安全教育，加大课时投入，丰富教育形式，使健康、安全的意识深入广大青少年心中。

④ 使相关法律、法规的落实得到保证。改革开放以来，我国多部与青少年体质健康相关的、不同层次的法律法规相继出台。青少年体质健康从法制层面的保障体系已初步建立，但青少年体质健康问题却没有得到根本改善。除了青少年体质问题的复杂性外，有法不依、执法不严也是一个重要的原因。目前，仍有许多学校没有切实落实相关法规，各级法律部门应加强检查和监督，为改善青少年体质健康提供相应的保障。

(3)使教育内容得到进一步的丰富和完善

① 改革体育实践课教学内容，使课程吸引力有所增加。当前我国青少年体质健康状况仍呈现下降趋势，许多学校盲目强调平安体育，体育课内容都没有强度，没有能够考验和锻炼学生意志品质的项目，使得体育课程形同虚设，无法将增进体质健康的作用充分发挥出来。这种情况亟需改变，体育课程要重视成功经验，要让学生在克服困难的基础上体验成功，上一堂有汗有痛但身心愉悦的体育课，培养学生坚韧不拔的意志品质和不断挑战新高度的“永不满足的精神”。教学内容对学生要有非常强的吸引力，应以健身体育、“终身体育”为中心选择教材，使教学内容得到适时更新。将“技能论”“体质论”和“娱乐论”有机结合起来，使教学内容更具科学性、实效性，使学生身心和谐发展，提高体育

① 贾丽娟，彭小伟. 影响我国青少年体质健康的教育学因素分析[J]. 河北体育学院学报，2013，27(01)，54—56.

能力。

② 使学生安全教育的内容得到进一步完善。注重安全教育是西方发达国家教育改革较为共性的成功经验之一。当前我国青少年安全教育薄弱,青少年学生的安全意识以及预防事故发生、减少人身伤害的手段和方法都很缺乏,加强安全教育已成为必然的要求和趋势。安全教育的内容应适应我国教育与社会发展的现状。心理健康安全、家庭生活安全、校内活动安全、社会活动安全、卫生安全、自然灾害应对等方面都属于安全教育的内容范畴。

③ 使学生健康教育的内容得到进一步的丰富。从相关的研究中得知,让中小学生树立正确的审美观念,感受体育锻炼的益处,会对其参与体育活动带来积极的影响。健康课程是对我国传统体育活动课程的有力补充,对于学生掌握科学的锻炼方法,增强学生体质也是有所助益的。

要实现学校体育与健康教育的真正结合,需要充分利用学校体育这一载体,使学生理解通过运动提高身心健康的重要性。具体要通过心理教育、运动与营养、运动与疲劳、运动与身心发展、运动疾病与外伤等内容的学习,不断丰富健康教育内容,不断充实体育课堂,从而使体育教育与健康教育的有机结合得以顺利实现。

五、运动健康促进的传播学基础

(一)传播学的基本理论

传播学是关于传播的一种视角,通过汇集各种观点和方法来研究各种传播活动。传播学是研究人类一切传播行为和传播过程发生、发展的规律以及传播与人和社会的关系的学问,即传播学是研究人类如何运用符号进行社会信息交流的学科。它具有交叉性、边缘性、综合性等特点。传播学随着信息科学和技术的飞速发展而快速发展。其教育功能、经济和社会效益日益受到重视。

传播学研究的重点和立足点是：人与人之间如何借传播的作用而建立一定的关系。

传播学是研究人类一切传播行为和传播过程发生、发展的规律以及传播与人和社会的关系的学问，是研究社会信息系统及其运行规律的科学。传播学研究传播过程，即传者、媒介、受者、传播内容、传播效果。传播学研究的重点是人与人之间信息传播过程、手段、媒介，传递速度与效度，目的与控制，也包括如何凭借传播的作用而建立一定的关系。

传播学通过对社会科学的研究方法的借鉴，发展形成了独立的学科特色。具体表现在以下几个方面。

(1)传播模式是传播理论研究的重要方法。研究传播模式功能主要表现在三个方面：第一，是构造功能，即描述传播过程中各传播要素之间的次序及其相互关系；第二，是解释功能，即分析传播过程的内在机理及其核心环节；第三，是启发功能，即指导传播实践，预测或估算结果。学习传播学，一个重要的方面是学习和理解传播模式，并据此分析、指导传播活动。

(2)传播学研究并用定量研究与定性研究，但把定量分析作为主要的研究方法。定量研究方法主要为社会调查、内容分析和实验设计。其中，收视率研究、报刊发行量研究、易读性分析等都是评价大众传播效果的重要数量标志。

(二)运动健康促进与传播学

传播学既是健康教育与健康促进的基础课程，同时，它的理论、方法和技巧更是每位健康教育工作者所应具备的基本知识和技能。通过传播学理论与方法的运用能够对健康传播实践起到积极的指导作用。

健康传播，是指人们通过各种渠道，运用各种传播媒介和方法，为维护和促进健康的目的而制作、传递、分享健康信息的过程。健康传播是一般传播行为在医学领域的具体和深化。与其他传播行为相比较，健康传播有其自己的特点和规律。

健康传播是健康教育工作的中心环节和基本策略。从这一意义出发，健康传播是协助和促进个人和群体、形成良好的健康观念、采纳有利于健康的行为和生活方式、提高健康水平的一种社会性干预。为了实现这一目的，健康传播活动对科学性、教育性、互动性和通俗性是非常重视的，同时，还非常注重健康传播活动的计划设计和评价。

这里需要重点强调的是，健康传播概念的提出并非偶然。近几十年来，随着媒介文化的形成，信息污染已成为现代国家的一个社会问题，语言和行为模式的传播已成为影响人类健康的一个重要的社会因素。对于健康教育者来说，研究传播对健康的影响，研究如何以积极有效的健康传播保护和促进人类健康，是迫在眉睫的课题和工作任务。以传播学的理论和方法指导健康传播的实践，是回答这些问题的有效答案①。

在此，围绕传播效果的诸多影响因素，将几个指导原则明确提出来，具体如下：

(1)不断更新知识，学习传播技巧，当好传播者，做好健康传播的把关人。

(2)多层次多渠道开发利用传播媒介。世界各国和我国许多地区的工作经验都已证实，大众媒介与人际沟通的有机结合，会产生最佳的教育效果。

(3)加强受众研究，注重传播材料制作的预试验和信息反馈，提高健康信息的针对性、适用性和指导性。

(4)加强媒介管理和控制，创造最佳传播环境。

(5)通过传播学研究方法的运用，使健康传播的计划性与科学性得到有效提高。

---

① 米光明.谈传播学与健康传播[J].中国健康教育，1992(2)，39－40.

六、运动健康促进的社会市场学基础

(一)社会市场学的基本理论

社会市场学是一种运用传播学的原理进行市场分析、执行和评价,达到计划目标的技术,其是促使目标人群接受一种观念和问题的过程,同时,其以深入研究顾客或受众的需求和以交换理论为基础,重视策略和方法的设计,强调适合文化传统以及它的系统过程(评估需求、计划设计、实施和评价)和对顾客利益的长期承诺。

1. 社会市场学的意义

应用社会市场学可以使复杂的教育信息和行为改变技术转变成大多数受众都能接受和实施的概念和实践。

社会市场学的基本成分——项目成功的关键成分即它的基本成分可简化为4P,即产品,价格、促销与地点,亦称作市场混合体,这些是设计和实施市场学项目的核心内容。对目标受众深入研究是了解受众、形成4P策略的基础。对目标受众了解越深刻,由此而形成的4P策略越能取得成功。在社会市场学项目中最重要的是了解受众。

不同受众有其不同特点——不同的价值观、通过不同渠道接受信息以及不同的生活方式等。了解受众的内容包括有关知识、感知原有行为的危险性和后果、对新行为的态度、感知的社会准则、对行为改变的自我效能、实施新行为的意向,可概括为KABP(知识、态度、信念、实践或行为)。

产品:社会市场学项目中的产品指的是项目决定向受众提供的任何东西,亦即要他们“购买”或接受的新信念、态度和行为,是用来与另一种信念、态度和行为交换的理想信念、态度和行为。

促销:促销主要涉及讯息和传递讯息的渠道。

设计讯息时考虑的问题是“有关行为及其利益应说些什么?”此时不仅要注意降低或淡化费用，也要注意增加产品的价值——利益。在社会市场学中设计创造性讯息比什么都重要。对讯息的要求是：清晰、突出、可记忆、有说服力、普遍认可、准确、有感染力，能促进新行为实施的决定。

促销设计时要明确两个问题：目前受众对产品的需求是什么？我们用什么传播策略能创造或增加对产品的需求？

地点：设计地点时应明确以下三个问题：①受众将在何处获得产品？可能的地点如商店、医疗单位、学校、饭店、工作场所、车站等；②受众是否易于到达该地点？易于到达的地点可降低费用；③产品将如何到达受众的手中？为此需要研究受众停留、经过的各种生活地点、这些地点对他们行为的影响，以及在哪些地点可能引出目标行为。

2. 社会市场学的过程

社会市场学的过程是一系列连续的相互联系的若干步骤。

(1)将问题确定下来。

①评估市场需求：研究受众及影响受众行为的内外环境。内环境研究参看对目标受众了解的内容。外环境包括人文学环境、服务、政策、文化传统和价值观、实际技能和实际可能后果。

②受众分类：社会市场学根据不同生活方式因素突出人群内或各人群间的相似点和不同点，利用相似点创造有意义的讯息。

(2)将特定的行为目标制订出来。

发展和预试策略和材料：设计出的信息材料、渠道等应在少量目标受众中进行预试，以便改进策略和材料，使之更易为受众接受，并能促进作出行为改变的决定。

(二)运动健康促进与社会市场学

对社会市场学的原则和方法进行研究并加以运用，可使健康教育的目标人群覆盖面更大，成本相对更低廉，信息更为准确，有效地支持人们行为的改变①。

1. 社会市场学的原理及其在健康教育中的应用

(1)以目标人群为中心的工作方法。社会市场学是一种以客户为中心收集资料,开展项目的策略方法。社会市场学的一个基本原则就是对客户的需求、偏好及生活方式有所了解和反馈。尽管健康教育以目标人群为中心的想法并不新鲜,但在实际工作中却未能得到很好地贯彻。在实际健康教育工作中,健康教育者常常将他们的需求评估限定于统计学和流行病学数据,形成一种“自上而下”的或“以专家/工作者为中心”的工作方法,很少甚至没有对潜在的客户加以考虑。这就好比是商业市场营销用尽一切成熟的市场研究方法和技巧了解他们的消费者一样,健康教育者也可以通过各种类似的研究方法,如小组访谈、电话调查、现场观察等去了解目标人群。如果经费允许的话,雇用专业的市场调查公司进行调查分析也是比较好的选择。通过以目标人群为中心的调查研究发现不同的人群在需求、资源、地理位置、行为习惯、兴趣等方面的差别,对目标人群进行分类,并以此为依据设计更富有针对性的健康教育活动和策略,如此一来,会使影响和改变目标人群行为的概率得到有效提高,健康教育和行为干预的效果也会有所增强。

(2)交换理论。尽管一个人认识到行动的必要性和具有采取行动的能力,他也可能不被“触发”去实施这个行动。对该行动可能带来的益处和障碍的权衡,也是属于采取行动的可能性的范畴的。社会市场学的重要原理——交换理论认为:个体、群体及组织机构,在很多方面可以通过交换得到益处。② 关键在于诱导出自愿的交换,并向他们指出这样做的益处。开展健康教育和行为

① 吕资之.健康教育与健康促进(第2版)[M].北京:北京医科大学出版社,2015.

② 何生亮.社会市场学方法在健康教育和行为干预中的应用[J].健康教育与健康促进,2006(04),52—55.

干预时，目标人群会对金钱、时间、身体、心理上的努力与生活方式的变化等内容加以考虑，只有目标人群认为这种交换是值得的，那么交换才能最终变为可能，并保持持久的自愿。

(3)市场四要素。4P是市场学的四要素，也是社会市场学的重要特征，具体来说，主要是指产品、价格、地点和促销。产品，可以是思想和行为改变，或满足客户需求的具体物品。具体来说，健康教育可提供的产品就是一个个具体的、明了的、可操作的活动和物品，如健康知识讲座、健康教育俱乐部、咨询热线、传播材料等。价格，即阻止客户采取行动的障碍或成本。成本，包括金钱、时间、机会、精力、社会的、行为的、地理的、生理的、结构的、心理的因素以及方便和情绪。就地点而言，除考虑使信息最易接近受众人群的因素外，同时还要对与宣传信息相关的配套服务等因素是否有助于方便目标人群加以考虑。促销，包括传播策略、技巧和与客户沟通的方法，涉及选择高效的方法传播至目标人群，了解人群获取信息的渠道，以及怎样选择正确的渠道发布信息、产品及项目，如电视广告、名人代言、多种传媒组合(电台、报纸、杂志等)、俱乐部等方式。传播内容要充分考虑到目标人群的心理，将要推广的健康教育产品定位成以最小的代价得到最大的利益，吸引他们主动参与。

(4)预试验。将健康教育产品和传播信息在正式发布(执行)前放到目标人群中进行预试验，从而将目标人群和目标行为、最适宜的传播渠道和方式确定下来，了解目标人群对传播信息的接受能力等。对于大规模的健康教育项目来说，这一步将对于提高效果、减少或提前消除因失误造成的损失和影响提供一定的帮助。但对经费有限的日常工作而言意义并不大。

2. 促进运动健康的社会市场学途径

社会市场学已被证实是进行健康教育和行为干预的有效方法，它为健康教育工作的开展提供了一个崭新的思路，对当前国内健康教育工作的发展很有启示作用。

(1)市场化的、以目标人群为中心的工作理念。在很长的时间内，政治化、概念化、任务性的健康教育工作观念使健康教育工作流于形式，对盲目地设宣传栏、发放宣传资料、开展讲座等传统意义上的卫生宣传大大满足，而这使得其忽略了健康教育的主要目的在于使个人或群体自愿地采纳有益于自身健康的行为，导致无法深层次地进行“知、信、行”的转变，健康教育和行为干预的效率甚微。社会市场学方法用合理的市场化理念代替空洞抽象的口号，运用市场意识、销售意识和目标意识，以修正和改变“宣传型”的运作模式，激发了健康教育者的创造力，拓展健康教育的渠道和方式，追求目标人群行为的改变，探求适合各人群行为和环境干预的有效策略和方法，提高健康教育的工作质量。

(2)科学的调查研究能够为高效工作奠定坚实的基础。许多健康教育工作者在制订健康教育计划时，或多或少有先入为主的现象。具体来说，就是在没有足够理由的情况下，凭主观想象或猜测选择某个健康问题或确定目标人群。社会市场学方法强调在调查研究的前提下，掌握第一手资料，了解和分析当地的公共健康问题；从目标人群的需求和角度出发，而非从上级或健康教育者的主观愿望和意志出发设计传播信息，选择传播渠道，采用干预方式，吸引更多的目标人群，提高项目的满意度，从而使健康教育服务到位以及确保目标人群主动地实施行为改变得到有力保证。

(3)对整合资源和成本效益加以重视。从当前的形势来看，用于健康教育各方面的经费来源于国家拨款、国际合作资金、企业支持等多种渠道，但各层次的健康教育机构能运用的资源仍然是匮乏的。因此，这就要求健康教育设计者更细致地规划，同时，还要求他们懂得如何综合运用资源和统筹募集资金。健康教育者如果能利用社会市场学方法有效地干预和影响目标人群的行为，健康教育工作也就将受到各类商业企业、媒体、社区组织的青睐，赢得更多的合作机会，无形中就使可利用的资源得到了增加。

(4)要具有显著的系统性和延续性特点。一般来说，以社会市场学方法开展的健康教育和行为干预项目至少要在一两年以上,这是因为人们的行为改变是一个长期渐进的过程,不是一蹴而就的。这就要求改变当前健康教育工作缺乏整体性与长远规划,目标分散、深度不够、效率不高的局面,制订科学、周密的长远规划和周期性规划。

(5)对实际效果要加以重视。社会市场学是源自商业市场的一种实用方法,将这种强调变化的实用方法应用到健康教育中,将有助于改变健康教育工作忽视效果评估的现状。改变人们将健康教育看成是一项花钱而无效益行为的误解。采用诸如覆盖率、参与率、知识知晓率、行为形成率(规范服药率、定期复查率、传播控制率等)、所开展的健康教育活动数、是否促进了当地经济投入的改变等一系列指标,将健康教育和行为干预所创造的社会效益,以及为社会所提供的经济价值彰显出来。

第二节　运动促进人体健康的基本原则

运动锻炼会对人体健康起到积极的促进作用,这一积极作用的产生和体现,是在一定的原则基础上实现的。具体来说,运动促进人体健康的基本原则主要有以下几个方面。

一、自觉性原则

人们往往都是在一定目的性的基础上进行运动锻炼的,人们自觉地投入其中,这样所取得的效果才会较好。在进行运动锻炼时,需要遵循的一个重要的基本原则,就是自觉性原则。

为了使人们运动锻炼的积极性得到有效提升,需要从两个方面着手进行。一方面,就是将其对体育运动的认识进一步深化,使他们将终身体育思想建立起来;另一方面,要使人们能够对相应的知识和技能有较为熟练的掌握,并且能够将所学内容积极运用到以后的工作和生活中。

对于运动锻炼来说，其并没有完善的监督性和制约性，因此，对于锻炼者来说是非常开放和自主的，但是要想取得理想的健身锻炼效果就要求锻炼者必须具有非常强的自觉性，否则只能是走马观花。

由此可以看出，将良好的自觉性建立起来是非常重要且必要的。为了达到这一目标，就要求人们首先要将锻炼的目的明确下来，一个人的动机会在很大程度上决定着一个人行动的质量。不论如何，只有将目的明确下来、强化动机，才能使自觉性原则得到有效贯彻和实施。

二、针对性原则

要以个人的实际情况和外界环境条件的实际为主要依据来进行运动锻炼，将锻炼的目的确定下来；同时，还要选择适宜的运动项目，合理地安排运动时间和运动负荷，这就是所谓的针对性原则。

可以说，要想有效增强身体素质及提高运动水平，遵守这一重要原则是非常重要且必要的。具体来说，需要满足以下两个方面的要求。

一方面，要从自身的实际情况出发。人与人之间在性别、年龄、体质和健康状况等方面都是存在着一定差异性的。因此，这就决定了运动健身锻炼也是会因这些因素而有所差别的，这就要求在选择和确定运动项目、练习方法时要有一定的针对性和目的性，对锻炼的时间和运动负荷进行科学合理的安排。在每次锻炼前都要对自己当时的健康状况进行评估，使运动的难度和强度不超过自己身体承受能力。

另一方面，要从外界环境出发。季节、气候、场地、器材等外界条件的实际情况都会在一定程度上影响到运动锻炼的顺利进行和最终的锻炼效果，因此，这就要求按照科学锻炼的方法，来选择适宜的运动项目、练习时间、运动负荷，从而使最终所取得的良好的锻炼效果得到保证。

三、循序渐进原则

事物是具有一定的认识规律、动作技能形成规律和生理机能的负荷规律的，这就要求人们在进行运动锻炼时，一定要在此基础上来合理安排内容、方法和运动负荷等，由小到大、由易到难、由简到繁、由低级到高级逐步进行，这就是所谓的循序渐进原则。

在运动锻炼的过程中，切忌急于求成。因此，在进行运动锻炼时，学习动作要由易到难，运动量由小到大，运动强度（刺激强度）应由弱到强。同时，还要以各自的年龄、性别、身体素质水平为主要依据，因人而异地安排练习的内容，从而使良好的锻炼效果得到保证。

在运动锻炼过程中遵循循序渐进原则时，要求在运动锻炼负荷方面的内在要求就是要适量。在运动锻炼的不同阶段，所安排的负荷量会相应有所差别，并随着运动锻炼的进行而积极调整运动锻炼的负荷量，从而使取得最理想的运动锻炼效果得到保证。

四、经常性原则

所谓的经常性原则，就是要保证运动锻炼的经常性，要使其成为日常生活中的重要部分。

经常进行运动锻炼，能够使肌肉活动反复多次强化，进而产生一定的结果，比如，运动技术的形成和提高，人体各组织系统机能的改善等。如果不经常进行运动锻炼，那么所取得的锻炼效果就会不甚理想。同时，生物界“用进废退”规律还在一定程度上制约着运动技能的形成、人体结构、机能的改善，以及身体素质的提高。不经常锻炼，已取得的效果也会逐渐消退。“拳不离手，曲不离口”就将这一原理直观且形象地体现了出来。

在运动锻炼过程中，要想更好地贯彻经常性原则，具体要做到两个方面的要求：一方面，要将良好的运动健身锻炼的习惯建立起来；其次，在进行运动锻炼之前，要将适合自身情况的运动健身锻炼计划制订出来，并按照相应的计划进行科学合理的锻炼，形成规律的习惯和稳定的生物钟，从而使运动锻炼能够持之以恒。

五、全面性原则

身体锻炼应全面发展身体的各个部位、各器官系统的机能、各种身体素质和活动能力，追求身心的和谐发展，这就是所谓的全面性原则。

运动锻炼包含的内容是非常丰富的，不同身体部位的活动以及多种项目和不同性质的活动都包含其中。

身体本身就是一个整体，是由各系统构成的，而这些系统之间是相互联系、相互制约的，身体某个系统的发展会在不同程度上影响到其他系统的机能，而如果各个系统都能得到全面发展，那么它们之间就能相互促进，共同提高。因此可以说，在运动锻炼中贯彻全面性原则是非常重要且必要的。

对于不同的运动项目来说，对人体所产生的作用也是不相同的，比如短跑运动能够使锻炼者的速度素质得到有效发展；投掷、举重运动则能够使人的力量素质得到有效提升；长跑运动能够有效训练人的耐力素质；篮球、足球等运动则能够使人的灵敏性和协调性得到显著提升。鉴于此，就要求对运动锻炼项目进行合理搭配，从而能够达到全面发展身体素质的目的。

第三节 运动促进人体健康的方法

运动能够对人体健康起到良好的促进作用，除了要遵循基本原则之外，科学合理的方法也是必不可少的重要条件。通常来说，运动促进人体健康所采取的方法主要有以下几个方面，具体要根据实际情况来加以选用。

一、重复锻炼法

在运动锻炼过程中，重复锻炼次数的多少与对身体所产生的作用之间是有着非常密切的联系的。一般来说，重复次数越多，身体对运动反应的负荷量越大。但是，重复次数并不是无上限的，如果达到身体承受负荷的极点，就需要停止，并逐渐降低锻炼次数，否则会对身体健康造成不必要的伤害。

在运动锻炼过程中运用重复锻炼的方法，一定要做到掌握好负荷的有效价值范围（即最有锻炼价值负荷量下的心率）这一关键点，并且以此为依据来对重复次数进行适当调节。在重复锻炼中，为了达到理想的锻炼效果，需要对负荷的控制、重复的方法等加以斟酌。

采用重复锻炼法进行运动锻炼时，要想取得理想的锻炼效果，首先要使每次重复练习的质量得到保证，同时，还要克服单纯重复造成的枯燥感。除此之外，重复锻炼法对于锻炼者的意志力也能起到积极的锻炼作用。

二、间歇锻炼法

运动锻炼能够使人们的体质水平得到有效提升，这一点是毋庸置疑的。但实际上，这种体质增强的实现并不是在运动锻炼过程中实现的，而是在间歇中实现的，是在休息过程中取得了超量恢复。可以说，只有有间歇休息的超量恢复的运动锻炼，才是有意义的运动锻炼。从严格意义上来说，间歇对增强体质的作用与运动本身是同等重要的。

与重复锻炼法一样，间歇训练法对于以负荷的有效价值标准为依据来有效调节间歇的时间也是非常需要的。一般来说，当负荷反应(心率)指标比有效价值标准低时，应缩短间歇时间；而在高于价值标准时，则可延长间歇时间。通过适当的间歇，把负荷量调节到负荷有效价值范围，以追求良好的锻炼效果。实践中，一般心率在130次/分钟左右时，就应再次开始锻炼。另外，还需要强调的是，在间歇时，不要做静止休息，正确的做法应该是：边活动边休息，如慢速走步，放松手脚、伸伸腰腿或做深而慢的呼吸等。

三、连续锻炼法

运动锻炼对人们体质的增强，并不是通过一次重复、间歇的锻炼就能够实现的，还需要连续的时候就持续地进行下去。因此可以说，连续、间歇、重复都是在同一锻炼过程中实现的。连续、间歇、重复等因素的作用是有所差别的，具体来说，连续的作用在于持续负荷量不下降，维持在一定的水平上，使身体充分地受到运动的作用。

通常情况下，连续锻炼时间的长短是有所差别的，具体来说，要以负荷价值有效范围为主要依据而确定，一般的，往往会在140次/分钟左右心率下连续锻炼20～30分钟，可使机体的各个部位都长时间地获得充分的血液和氧的供应，因而能够达到有效提升有氧代谢能力的效果。

四、循环锻炼法

由几个不同的练习点组成的。具体来说，一次循环锻炼，就是当一个点上的练习一经完成，练习者就迅速转移到下一个点，下一个练习者依次跟上，练习者完成了各个点上的练习的方法，就是所谓的循环锻炼法

循环练习法对技术的要求是相对比较低的，且各项目都采用比较轻度的负荷练习，所以练起来简单有趣。

另外，在采用该锻炼方法时，要将以全面性原则为依据去搭配项目，使得身体机能、身体素质等各方面都得到一定的发展这一关键点抓住。因此，这就要求在进行运动锻炼时，一定要对锻炼的项目进行科学合理的搭配。

五、变换锻炼法

变换锻炼法具有有效调节生理负荷的重要作用，同时还能够使兴奋性得到提高，锻炼意向得到强化，克服疲劳和厌倦情绪，以达到提高锻炼效果的目的。

对于刚刚进行运动锻炼的人们来说，多做些诱导性练习和辅助性练习是非常有必要的。随着锻炼水平的提高，练习的难度会逐渐增加。由于锻炼条件的变化，可使锻炼者的大脑皮层不断地产生新异的刺激，提高兴奋性，激发锻炼的兴趣，从而使机体对负荷的承受能力得到有效提升，进而也会导致锻炼效果有所改善。

六、竞赛锻炼法

以竞赛的形式来进行锻炼，就是所谓的竞赛锻炼法。从某种意义上来说，这一方法是以人类先天的竞争和表现意识、竞技能力形成过程的基本规律和适应原理、现代运动比赛规则等因素为主要依据而提出的。

在竞赛的条件下，能够使锻炼者运动的积极性得到有效提升。在良好的比赛氛围中，能够使锻炼者积极有效地相互交流经验，从而有助于技战术水平的全面提高。除此之外，竞赛锻炼法能够使锻炼者的心理承受能力得到有效提高，同时，对于良好的意志品质以及积极的、拼搏的、良好的生活态度的培养与建立都是非常有益的。

七、游戏锻炼法

游戏锻炼法，顾名思义就是通过游戏的形式进行运动锻炼的方法。

采用游戏锻炼法进行运动锻炼的主要目的在于提高兴奋性，将人们对运动的兴趣有效激发出来。在嬉笑娱乐的游戏中锻炼身体、愉悦身心，对于减轻压力、释放激情都是非常有利的。需要注意的是，这种锻炼方法运动量要以锻炼者的实际情况为依据而表现出一定的差异性。

第三章 运动锻炼与生理健康促进研究

运动锻炼是通过一系列的身体活动来组织和实施的，通过运动锻炼来对人体有机体产生影响，进而促进有机体产生适应性变化。因此运动使人健康最先体现在运动锻炼对生理健康的影响和促进上，而且运动锻炼对生理健康的促进是全方位的。本章在全面解析现代健康观的基础上，重点对运动锻炼的生理学基础和具体生理健康影响促进表现进行系统分析，以使运动者更好地了解运动锻炼与生理健康促进的生理学知识，进而更有针对性地实施运动锻炼，以使运动锻炼对生理健康促进的效率和效果更好地实现。

第一节 现代健康观

一、健康相关概念

(一)健康

现阶段，仍然有很多人认为专门性地参与运动锻炼，尤其是认为对社会体育产品的消费是不必要的，甚至有着“进行体育活动既浪费时间而且没有实用性”的误解。这种落后的健康观念严重影响了个体参与运动锻炼和身体健康发展。

在不同的历史阶段，人们对健康有着不同的认识，健康的概念也经历了“神灵医学模式”“自然医学模式”“生物医学模式”的演变。人们对于“健康”的解释各不相同。过去,人们认为无病痛即为健康,即指人的体质健康。随着时代的发展,人们对健康的认识也更加全面。

1948 年,世界卫生组织(WHO)在其宪章中提出了健康的概念:健康是一种在身体上、精神上和社会上的完满状态,以及良好的适应能力。

1978 年,国际初级卫生保健大会发表的《阿拉木图宣言》对健康的描述为:“健康不仅仅是没有疾病或虚弱,而是良好的身体、精神状况和社会适应能力的总称。”

1989 年,世界卫生组织针对健康又提出了新的概念,认为人体健康,具体包括四个层面:生理健康、心理健康、社会适应良好和道德健康。

2000 年,世界卫生组织又提出了生殖健康。至此,健康的概念得到了很大程度的完善与发展。

(二)亚健康

亚健康是一种非健康状态,但是也不能归于有疾病的存在,它介于健康和疾病中间,相对于健康状态,称之为“亚健康状态”。

现代社会,竞争激烈、社会压力大,很多青壮年都没有足够的精力、时间去进行健康锻炼,亚健康状态成为一种常态。根据世界卫生组织(WHO)全球健康调查显示,全世界范围内,健康人群占全球总人群的 5%,75%的人均处于亚健康状态。另据调查显示,知识分子,尤其是白领、蓝领等办公室、技术工人的亚健康状态比较明显,已经成为一个重要的社会问题。

运动实践表明,从事运动锻炼对人体的健康具有极大的促进作用,长期坚持参与运动锻炼能促进运动者身心放松、身心恢复,人们在运动过程中不仅恢复了体力与精力,更能令身心愉悦,提高身心兴奋性,有利于个体更好地从事各种社会生活,为个体的生活、学习、工作提高效率,为个体的社会参与奠定良好的身心基础。

1. 亚健康的状态表现

当一个人处于“亚健康”状态时，其表现形式通常会伴随人体相应的生理、心理上等多种现象出现，会有各种不适，多表现为疲乏、嗜睡、忧虑、焦虑、无精打采、注意力不集中以及健忘等状况，或者有似患慢性病的表现，但是通过医学检查不出任何器质性病变。

2. 亚健康的成因

身体素质和体质健康水平的亚健康状态受多方面因素的影响，如饮食结构、生活方式、生活习惯、学习与就业压力等。不得不承认，社会的进步给人类带来便捷的同时也改变了人类的生活方式，现阶段大量“文明病”不断侵害人们的健康；快餐文化影响着人们的饮食习惯与结构，摄入高热量而运动消耗较少，肥胖症不断增加；当前社会竞争激烈，课业负担、就业压力以及人际交往等各种问题，导致现代人身心压力大，缺乏活力。

(1)心理失衡。心理失衡是导致人体出现亚健康状态的一个重要原因。当今社会，竞争激烈，人际关系错综复杂，各方面压力大，很多人心神不宁、思虑过度、睡眠不佳、体液和内分泌失调，产生各种生理、心理的亚健康状态表现。

(2)营养不均衡。现代人生活节奏快，在饮食方面不注重营养均衡，同时由于现代人饮食结构的变化，各种“快餐”十分盛行，越来越多的人更多地选择高热量、有添加剂的食物。目前，我国快餐文化不断发展与繁荣，有越来越多的青少年出现肥胖现象，主要是因为这部分青少年在日常饮食中以快餐为主，而且快餐中多为热量较高的食物。据调查显示，经常食用快餐的人多为超重或肥胖体型。不合理的营养结构，使身体摄入的营养素不全，而且容易造成机体的代谢功能紊乱，进而产生许多生理上的不适。

现阶段，我国父辈人群早期生活年代物质条件匮乏，他们小时候生活条件差，营养不良，没有过上“幸福的生活”；再加上我国计划生育政策，很多家庭都只有一个孩子，因此，父母都希望自己的孩子不吃苦、不受罪，而且不少家长认为，为孩子提供优良环境首先就是在饮食上满足孩子的需要，不科学的饮食习惯导致了下一代超重与肥胖现象的发生。

(3)过分节食。现代社会中，人们的审美观念随着社会发展也有了一些变化，人们追求形态美。当然，追求美是无可厚非的，这是每个人的权利与自由，但是过分追求“瘦”，追求苗条纤细的体型，误认为瘦即美，这就会使体重不断下降，使体质健康受到影响。以瘦为美的错误思想影响是极大的，有些女性为了追求骨感的身材与体型，过度节食，三餐无规律，使营养输出大于输入，输入与输出不均衡，造成营养不良。有些人甚至因为过分节食而患有“厌食症”，严重影响了身体健康。

(4)滥用药品。现代人滥用药品的现象十分严重，一方面，现在互联网药品销售快捷，很多人身体出现不适之后不去医院而是选择自购药品服用；另一方面，现在很多人都注重药物养生，经常服用一些保健品，不经医嘱自己乱用药，用药不当会对会机体产生一定的副作用，还会破坏机体的免疫系统，破坏人体正常菌群，对健康不利。

(5)锻炼无规律。一些人有参与运动锻炼的行为，但是“三天打鱼，两天晒网”，锻炼无规律，偶尔大强度运动负荷，之后又长期不锻炼，健体无章、健体不当，都会损坏人体的健康。

还有一些运动者不顾年龄、性别，用别人的健身方式方法直接拿过来健身，这样就导致选择锻炼的方式和强度不当，与自身的身体实际情况不相符，不仅不利于促进健康，也会导致身体出现各种不适。

(6)空调病。现代城市大多数都是高楼林立，房间封闭，长时间使用空调，使得空气中的负氧离子浓度变低，血液中氧浓度也会随之降低，从而影响组织细胞正常的生理功能。

(7)噪声污染。随着现代工业进步快，城市人口日益增多，车辆也增加，各种噪声随之产生。噪声会使人烦躁不安、心情郁闷，并且对人体的心血管系统和神经系统产生很多不良影响，可导致人体各种不健康状态的产生。

(8)生活方式不当。随着现代高科技的发展，计算机网络的普及在很大程度上改变了人们的生活方式，这也导致很多人将以往进行的户外运动锻炼的时间转移到了荧屏前，消耗大量时间看电视、玩电脑。

不合理的生活方式是导致亚健康的“帮凶”，如吸烟、过度饮酒、熬夜、缺乏锻炼、饮食失衡、睡眠不足等，这些不良的生活方式都会导致人体的亚健康。有些人压力大，陷入无节制娱乐的怪圈，经常通宵上网、玩游戏、看电视，不健康的生活习惯严重危害了身心健康。

消极的生活方式吞噬着人们的健康，同时，也在阻碍着人们参与体育活动的激情。

二、健康的内涵

(一)生理健康

生理健康是现代健康的一个重要方面，生理健康是其他方面健康的基础。

所谓生理健康，具体是指人体的结构完整和生理功能正常。进一步分析来看，人体的生理功能指以结构为基础，以维持生命活动为目的，确保有机体的各种活动保持协调一致、复杂且高级。

(二)心理健康

心理健康是现代健康的重要构成内容，将心理健康纳入健康的基本内涵，也是人们对健康全面认识的进步体现。

一般认为，个体良好的心理健康应具备以下特征。

(1)有良好的自我控制和调节能力。

(2)对于外界刺激有良好的应激能力，适应一定环境条件并发挥个性。

(3)心理经常处于平衡和满足状态。

(4)有安全感,有自知之明。

(5)善于平衡人际关系。

(6)正视现实,在现实社会条件下,适当地满足个人的基本要求。

(7)热爱生活,乐于工作;善于学习,努力进取。

(8)能保持人格的完整与和谐。

(9)能适度地宣泄情绪和控制情绪。

(三)智力健康

在人一生中,都要借助思维的能力,头脑是人体唯一有自知力的器官,人们每天都会通过自己的大脑收集、处理信息,并根据这些信息进行行动,因此,智力健康是非常重要的。

良好的智力表现在以下几个方面。

(1)能利用大脑思索自己的价值、作出决定、制订目标、计划如何应付问题或者应对挑战。

(2)有思考和在生活经验中学习的能力、思想对新事物的开放程度,以及对信息提出疑问、进行评估的能力。

(3)有收集评估健康信息以保证个人健康的能力。

(四)生殖健康

生殖健康是指生殖系统及其他功能和在整个生殖过程中的体质、精神和社会适应性等方面处在良好状态。它包括生育调节、母婴安全健康、生殖系统疾病预防、性保健及性病防治等方面。

(五)道德健康

道德,简单概述就是做人的道德和应有的品德。道德健康以生理健康、心理健康为基础并高于前两者,是前两者健康内涵的进一步发展。

所谓道德健康，具体是指个体按照社会道德行为规范准则约束自己，并支配自己的思想和行为，有辨别真与伪、善与恶、美与丑、荣与辱的观念和能力。

一个道德健康的人，能够明确其生命的基本目的，学会如何体验爱、欢乐、平和与成就，帮助自己和他人实现潜能，目前道德健康的内涵越来越丰富，社会人的道德要求也越来越高，高尚的道德成为优秀人才的重要标准。

（六）社会适应健康

社会健康是基于个体的生理健康和心理健康上的更高健康层面，它不仅要求个体具有生理健康、心理健康、道德健康，而且要求个体能融入环境、群体，并在环境中贡献于社会，同时，获得自我的发展。

具体来说，社会适应主要指人在社会中的角色适应，包括职业角色、家庭角色及在工作、家庭、学习、娱乐、社交中的角色转换与人际关系等方面的适应。

社会适应健康也是健康的最高境界，缺乏角色意识、发生角色错位是社会适应健康不良反应的表现。

三、健康的标准

在现代社会竞争日益激烈的背景下，人们对健康的关注程度比以往更加强烈，在这样的背景下，关于健康标准的问题也不断发展。因此，世界卫生组织和诸多的医学专家也从多角度制订了现代健康的标准。

（一）WHO健康标准

(1)精力充沛，能从容不迫地应付日常生活和工作。

(2)处事乐观，态度积极，乐于承担任务，不挑剔。

(3)善于休息，睡眠良好。

(4)应变能力强，能适应各种环境的各种变化。

(5)对一般感冒和传染病有一定抵抗力。

(6)体重适当，体型匀称，头、臂、臀比例协调。

(7)眼睛明亮，反应敏锐，眼睑不发炎。

(8)牙齿清洁，无缺损，无病痛，齿龈颜色正常，无出血。

(9)头发有光泽，无头屑。

(10)肌肉、皮肤富有弹性，走路轻松。

(二)身心健康新标准

1.“五快”

快食——胃口好，不挑食，人体内脏功能正常。

快便——大小便通畅，便时无痛苦，便后感舒服，肠胃功能良好。

快眠——入睡快，睡眠质量高，醒后精神好，人体中枢神经系统的兴奋、抑制功能协调，内脏无病理信息干扰。

快语——说话流利，表达准确，思维敏捷，心肺功能正常。

快走——行动自如，步伐轻捷，精力充沛。

2.“三良好”

良好的个性——心地善良，处世乐观，为人谦和，正直无私，情绪稳定。

良好的处世能力——沉浮自如，客观公正，有良好的自控能力，能较好地适应复杂的环境变化。

良好的人际关系——待人接物宽和，不计较，助人为乐，与人为善。

(三)医学专家健康自测标准

(1)1个月内体重增减在3千克之内。

(2)每日体温波动在1℃以内。

(3)脉搏72次/分钟左右。

(4)每日进餐量稳定在1～1.5千克,超过平常量的3倍或少于1/3为不正常。

(5)大便定时,每天1～2次。一天以上不大便或一天大便4次以上为不正常。

(6)一昼夜尿量1 500毫升左右,多于2 500毫升或少于500毫升为不正常。

(7)每晚睡眠6～8小时,不足4小时或嗜睡为不正常。

第二节　运动锻炼的生理学基础

一、运动锻炼的机体生理适应

(一)运动的生理本质

人在参与运动过程中,感觉是一切运动的开始,其次是心理活动,最后是肌肉的工作与动作的完成,并形成一种反射效应。研究证明,大脑皮层动觉细胞可以和皮质所有其他中枢建立暂时性神经联系,包括内、外刺激引起皮质细胞兴奋的代表区在内。运动的生理机理是以大脑皮质活动为基础的暂时性神经联系。因此,人体运动的生理本质,就是人体建立运动条件反射的过程。

(二)运动的生理适应

运动锻炼的生理本质就是通过反复的技术训练给予有机体各器官系统一系列的生理负荷刺激,促进自身在形态结构、生理功能和生物化学等方面产生一系列积极的适应性变化,从而改善自我的运动素质、提高技术水平和运动能力,这一良好的适应性变化就称为运动效果。

具体来说，运动者的生理负荷量的大小可以通过某些生理或生化指标来进行衡量。运动锻炼过程中，运动者机体所接受到的运动负荷通常会通过有机体外部和内部两种形式表现出来。其外部表现主要为量和强度，内部表现主要为心率、血压、血乳酸等生理机能指标的变化。刺激强度与运动负荷的大小成正相关关系，即运动者的运动负荷越大，受到的刺激强度越大，所引起的机体反应也会相对越大，各项生理指标的变化也就会更为明显。

运动锻炼过程中机体对锻炼内容的适应需要经过以下几个阶段。

（1）刺激阶段。锻炼初期，机体接受各种运动刺激。

（2）应答反应阶段。在负荷刺激下，运动者机体内部各器官和运动系统的功能产生兴奋并传输到机体各个器官中，最后使整个机体都进入运动状态。

（3）暂时适应阶段。运动者的机体器官和系统持续接受刺激，并持续对这种刺激作出反应，经过持续锻炼，运动者的机能适应刺激，体能、技能得到提高。

（4）长久适应阶段。长期坚持锻炼，使机体完全适应锻炼负荷，在持续锻炼期间，机体运动器官功能和身体机能水平表现较好的稳定水平。

（5）适应衰竭阶段。锻炼不科学合理时，如负荷过低或过高，达不到锻炼效果或导致机体难以承受负荷而受伤。

（三）运动锻炼的机体变化

运动锻炼以各种身体练习为主要内容，在运动锻炼中，运动者开展各种身体练习活动，以掌握运动技能。要促进身体运动的顺利开展和持续进行，必须遵循人体在运动过程中生理机能活动变化的规律。

从热身开始到进入运动再到运动的结束，运动者生理机能活动变化的规律是指运动者从静止状态，经过一定的热身锻炼之后使机体进入工作状态，在保持运动的过程中不断加大运动负荷，使机体在适应负荷的前提下逐渐达到最大水平，然后再逐渐降低运动负荷，直到机体恢复到安静状态。

运动者在参与运动锻炼的不同阶段，通过运动锻炼内容和方法的科学选用，可以帮助运动者始终在运动锻炼过程中保持良好的身心状态，并熟练掌握运动技术，并通过长期参与运动锻炼来提高身体素质和运动水平，使运动者的机体技能对运动产生适应性的变化。

机体在运动过程中的机能变化规律要求科学的运动锻炼，应遵循运动者在运动中机体机能的具体活动变化，通过对运动者的观察控制运动锻炼的进度和运动负荷，以提高运动锻炼质量，促进运动者身体素质的全面发展，同时减少和避免伤病事故的发生。

（四）机体的运动负荷阈

机体的运动负荷阈，指运动者在运动锻炼过程中适宜生理负荷的低限至高限的范围。运动的强度、持续的时间、练习的密度和数量是构成运动负荷阈的四个基本因素。这四个要素之间关系密切，彼此相互影响，其中任何一个因素的变动将会影响这一次体育运动对机体的生理负荷量。

运动锻炼过程中，运动者的机体承受的生理负荷是运动对机体的有效刺激，是引起各器官系统功能产生适应性变化的原发因素。但刺激引起机体出现反应与适应的程度取决于刺激强度的大小。

运动负荷不同，运动锻炼效果也不同。

(1)当运动负荷过小时，其对机体的刺激强度就会很小，因此将很难引起机体的适应性变化，那么此次的运动锻炼对身体素质的发展的意义不大，甚至不会产生任何作用。

(2)当运动负荷超过了人体所能承受的范围，或者机体疲劳没有得到充分的恢复时，也将会影响身体适应能力的提高，从而导致对运动者的身心健康、身体素质以及运动能力都产生消极的影响,严重情况下可能导致过度疲劳等病理症状出现。

(3)当运动负荷正好在运动者所能承受范围内的上限以下时,对机体允许范围内的适当刺激,有助于加快机体适应过程,并且使机体的形态、结构与生理机能产生对于运动锻炼所预期的适应性改变,即良性适应。

合理的运动负荷可促进机体物质和体能、技能的超量恢复(图 3-1)。运动锻炼过程中,运动量的大小是超量恢复强弱的重要影响因素。通常来说,在一定的范围内,运动量越大,人体内各器官和肌肉的功能动用就越充分,能量物质的消耗就越多,超量恢复也就会越显著。超量恢复在一定程度上受到疲劳程度、运动量的大小和营养供给等因素的影响。

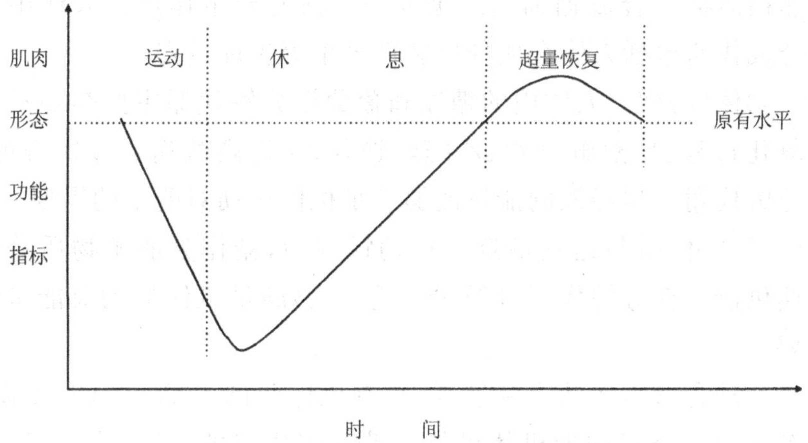

图 3-1 超量恢复示意图

二、运动锻炼过程中的有机体新陈代谢

(一)机体物质代谢

1. 糖代谢

(1)糖的生理代谢过程。糖类是人体必备营养物质之一,它

是人体十分重要的供能物质。不管人体摄取的糖质是植物还是动物性食物中的，其代谢过程基本一致，具体如下：

①吸收：在消化酶的作用下，食物中的糖逐渐转变为葡萄糖（Glucose，Glc）分子（果糖可直接被吸收，不需经转变），被人体直接吸收。

②转运：糖经小肠黏膜的上皮细胞葡萄糖运载蛋白转运进入血液，成为血液中的葡萄糖，即血糖（Blood glucose）。

③合成与储存：血糖可以合成糖原（Glycogen，Gn），成为大分子的糖。一般来说，可以将糖原分为两类，一类是肌糖原，即肌肉中合成并储存的糖原；另一类是肝糖原，即在肝脏中合成并储存的糖原。除此之外，肝脏还能够将体内的乳酸、丙氨酸、甘油等一些非糖质物质合成葡萄糖或糖原——糖的异生作用。人体中糖的合成代谢包括人体合成糖原和糖异生等生理过程。

④体内分解：人体内的糖原和葡萄糖分解代谢主要是通过有氧氧化过程、糖酵解过程、乙醛酸途径、戊糖磷酸途径等实现的。糖分解代谢过程释放的能量能够满足机体运动对能量的需要。

（2）糖代谢与运动锻炼。运动过程中，糖作为能源物质分解代谢供能。糖分解代谢可释放能量，能够满足机体运动对能量的需要。

运动者参与运动锻炼过程中，有机体肌肉中ATP、CP下降，肌糖原无氧分解增加机体供能。糖分解代谢的同时，生长激素、甲状腺激素、雄性激素、儿茶酚胺等激素也会发生相应变化，从而对肌细胞产生一定影响，使肌细胞不断地产生对机体正在运动的适应性变化。

运动锻炼结束后，机体在运动中消耗的ATP、CP和肌糖原在机体恢复期可出现超量恢复的现象；运动后的恢复期或长时间运动过程中，机体也可以重新合成糖来提供所需的能源。

2. 脂代谢

（1）脂肪生理代谢。脂肪是人体重要营养物质，无论是否参与运动，脂代谢与人体的健康都有着非常密切的关系，有规律、有计划运动能够使机体的脂代谢状况得到有效的改善，而且还能有效防治心血管疾病。

人体中，脂肪的代谢过程具体如下。

①吸收：人体对脂肪的吸收方式主要有通过淋巴和血液两种途径：一种是小肠上皮细胞直接吞饮脂肪微粒；另一种是脂肪微粒进入小肠上皮细胞，分解重新合成脂肪，形成乳糜微粒，再转移进入淋巴管，经吸收后扩散入毛细血管。

②转化储存：人体吸收的脂肪主要在皮下、大网膜、肌肉细胞中等脂肪组织内储存。此外，人体的脂肪还可以通过合成其他物质储存，如合成磷脂，构成细胞膜；合成糖脂，构成细胞膜和神经髓鞘；合成脂蛋白，进入血液。

③分解供能：脂肪分解代谢产生的能量能够提供于多种生命活动过程，能够作为长时间中低强度运动的主要供能物质。人体内贮存的脂肪作为细胞燃料参与供能是通过有氧代谢途径进行的。

(2)脂代谢与运动锻炼。脂肪有人体“燃料库”之称，是人体的第二大能量来源。作为细胞燃料，人体内贮存的脂肪参与供能是通过有氧代谢途径进行的，供能过程通过有氧代谢的途径进行分解和释放热量实现，实验表明，每克脂肪氧化可以产生大约37.62千焦的热量，是蛋白质和糖类产生热量的两倍多。

个体运动锻炼过程中，机体首先是通过分解糖类来获得机体所需能量，其次才是通过脂肪分解代谢为运动者提供能量。

科学运动锻炼可增加机体对脂肪的氧化利用能力，脂肪消耗供能可节约体内的糖原和蛋白质。机体运动锻炼过程中，一般来说，运动强度越大，机体脂肪组织动员利用的脂肪供能量多，强度达到65%最大摄氧量时，动员利用最多，但之后会出现减少。

由于脂肪消耗供能需要在有氧环境中进行，因此，参与有氧运动的运动锻炼可消耗脂肪，实现减肥塑身效果。

3. 蛋白质代谢

蛋白质构成细胞的基础物质，被称之为“生命物质基础”，蛋白质的最小构成单位是氨基酸。

(1)蛋白质生理代谢。合成方面，蛋白质先按照 DNA 模板上核苷酸排列顺序转录成 mRNA(一类单链核糖核酸)。随后，接受了 DNA 遗传信息的 mRNA 作为模板，在 tRNA(一类小分子核糖核酸)、rRNA(核糖体 RNA)的共同参与下，按 mRNA 上核苷酸的排列顺序翻译成蛋白质中氨基酸的排列顺序。

分解方面，蛋白质分子在机体消化液的作用下可分解成其基本单位——氨基酸，随后氨基酸被小肠主动吸收进入血液，并经脱氨基作用等代谢过程生成氨、CO_2 和水。用公式表示如下：

蛋白质⟶氨 + CO_2 + H_2O

根据代谢前后的量和是否能满足机体活动，蛋白质代谢可分为三种情况。

①代谢平衡。人体组织蛋白质及一些含氮物质不断分解与再合成。一般情况下，可以通过测定食物中的氮含量和尿中排出的氮量，来了解人体蛋白质代谢情况。一般来说，人体蛋白质的代谢状况与组织的生理活动是相符的。正常成年人体内的蛋白质分解与合成处于一种动态平衡状态，称为“氮总平衡”。

②代谢不足。如果机体组织细胞中的蛋白质的合成大于分解，也就是摄入氮大于排出氮，这种状态称为“氮的正平衡”。由于运动者的消化系统退化，对蛋白质的吸收能力较弱，因此，代谢不足这种情况在运动者身上比较少见。

③代谢过度。有时，机体的蛋白质支出会大于收入，例如饥饿者或消耗性疾病患者组织细胞中蛋白质的分解就明显地加强，也就是排出氮大于摄入氮，这种状态这被称为“氮的负平衡”。对于运动者来说，更需要增加蛋白质的摄入，以提高身体抵抗力。

(2)蛋白质代谢与运动锻炼。在运动状态下，运动者体内的蛋白质代谢主要表现在两个方面：

第一，机体运动时蛋白质可提供一部分能量。蛋白质可为运动时肌肉耗能提供5%～15%的能量。长时间运动会耗尽身体内的糖类储备，这时，可分解蛋白质作为能量，只是这部分能量非常少。

第二，运动导致骨骼肌蛋白质合成增加，可表现为肌肉壮大。

4.维生素代谢

（1）维生素生理代谢。维生素是维持人体生长发育和代谢所必需的一类小分子有机物。人体内不能合成维生素，需要通过食物供给。

人体所需各种维生素在结构上没有共性，通常情况下，以溶解性质为主要依据可以将维生素分为包括维生素B_1、维生素B_2、维生素B_6、维生素B_{12}、维生素C、维生素PP（烟酸）、叶酸和烟酰胺等在内的水溶性维生素和包含维生素A、维生素D、维生素E、维生素K等在内的脂溶性维生素两大类。

维生素不是组织细胞的结构成分，不能直接为机体参与运动提供能量；但是，维生素会参与辅酶的组成，对机体的能量代谢及其调节过程有着重要的作用。如果缺乏维生素就会对酶的催化能力产生影响，引起代谢失调，可干扰机体正常生理活动开展。

（2）维生素代谢与运动锻炼。运动锻炼过程中，机体的物质代谢加强，对维生素的需要量会随之增加。如果体内缺乏维生素，会影响机体酶的催化作用，可导致一些生理活动的不能正常和顺利进行。

实践证实，适当补充维生素可以增进运动能力。但是，过多地摄入维生素，并不会提高运动者的运动能力。

5.矿物质代谢

（1）矿物质生理代谢。矿物质，又称无机盐，在人的日常食物中大量存在。不同的无机盐被人体吸收的程度不同，主要包括三种情况。

①钠、钾、铵盐等一般单价碱性盐类，人体吸收很快。

②人体吸收很慢的主要是多价碱性盐类。

③人体不能吸收的主要是硫酸盐、磷酸盐和草酸盐等能与钙结合而形成沉淀的盐。

在人体中，无机盐主要是以磷酸盐的形式存在，其主要在骨骼中存在(如钙、镁、磷元素等)，作为结构物质，其他少量的无机盐(如钙、镁)的存在形式则主要是离子。无机盐可在体液中被分解，解离为离子，称电解质，其在调节渗透压和维持酸碱平衡等方面有着非常重要的作用。体液中离子有阳离子和阴离子之分，这些物质在人体的细胞代谢活动中具有重要作用，是维持生命代谢的基础。

(2)矿物质代谢与运动锻炼。运动可影响机体内的矿物质代谢，具体表现在以下几点。

首先，运动过程中，机体大量出汗会丢失大量的钙。钙缺乏可引起肌肉抽搐，长时间钙摄入不足可使骨密度降低。长期坚持运动可促进钙在骨骼的沉积，增加骨的密度。

其次，运动可引起体内能一些矿物质的代谢情况发生变化，以铁为例，运动锻炼可导致体内铁的代谢速度加快，使机体存铁含量明显下降、对铁的吸收率降低。此外，铁随汗水排出，可使机体红细胞的代谢加快，铁供不应求。

6.水代谢

(1)水的生理代谢。水是人体的重要成分之一，人体百分之七十是由水构成的，水分是组成生物体的重要成分，是维持生命所必需的物质。

人体摄取水分，主要是从食物和饮料中而来，只有小部分是由体内物质代谢过程中产生的。

人体内水的排出形式主要是通过肾脏以尿液的形式排出体外，其次是通过皮肤、肺以及随粪便排出。

保持体内水分代谢平衡是维持机体正常生命活动的重要保证。

(2)水代谢与运动锻炼。运动锻炼可导致体内水的大量流失,具体来说,体育运动锻炼过程中,由于体内产热量增加,水分排出及维持体温恒定的主要途径就是出汗,出汗会导致体内水分的流失,因此,运动者参与运动锻炼应重视机体水分供给变化情况,注意及时、适量地补水,以保持机体水分的平衡,使整个运动更加顺利。

(二)机体能量代谢

能量代谢对人体的各种运动能力和机能水平具有决定性的影响。一般情况下,把人体能量代谢分为磷酸原供能系统、糖酵解供能系统和有氧氧化供能系统三大系统。运动者从事健身运动,也是由这三大供能系统来提供运动所需能量的。

1.磷酸原系统

ATP(三磷酸腺苷)、CP(磷酸肌酸)含有高能磷酸基团,统称磷酸原,磷酸原可通过高能磷酸基团的转移或水解释放能量,因此,将ATP、CP分解释放能量和再合成的过程,称为磷酸原供能或ATP-CP供能系统。

(1)ATP。ATP是人体内瞬时能量的供体,而不是能量的贮存形式。在运动健身过程中,肌肉内ATP分解直接供能,这是人体内能量代谢的中心环节。

ATP水解的放能反应可以为各种需要能量的生命过程供能,完成各种生理功能。如肌肉收缩、生物电活动、物质合成及体温维持等(图3-2)。

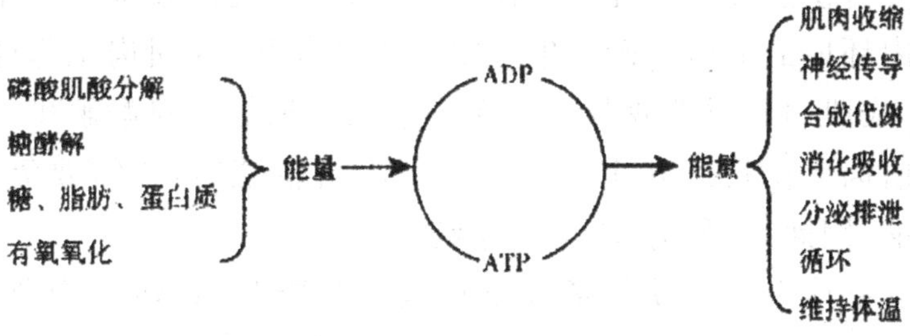

图3-2 ATP分解过程

(2)CP。CP是一种高能量化合物。CP还是能量传递者,可将线粒体内有氧代谢释放的部分能量转移到细胞质，即将能量从产能部位传递到耗能部位。CP 储存有限，在机体的总储存量为 450～510 毫摩尔 CP。

CP 分解会释放出能量用来重新合成 ATP。CP 在磷酸肌酸激酶（CK）作用下迅速分解放能，供 ADP 与 Pi 重新合成 ATP（图 3-3）。

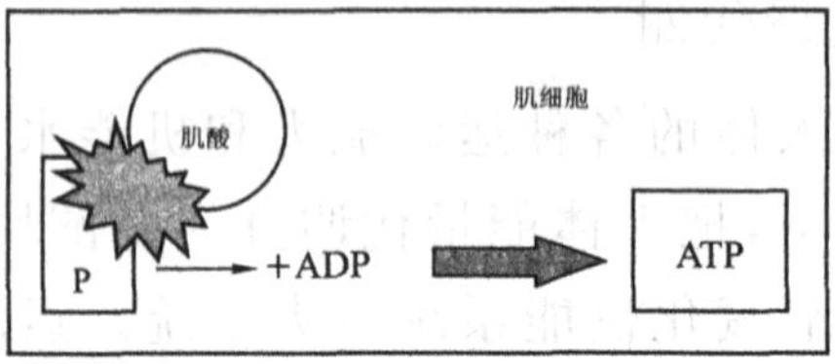

图 3-3　CP 分解过程

（3）ATP-CP 系统。ATP-CP 供能系统在机体运动过程呈现出以下供能特点。

①供能总量不大，供能快速，供能输出功率最大。

②供能维持短时间运动（一般为 5～8 秒）的能量所需。

③是细胞唯一直接利用的能量来源。

2. 糖酵解系统

机体处于不同运动状态，需要机体内不同供能系统工作供能，当机体运动持续的时间在 10 秒以上且强度很大时，磷酸原系统能供给的能量就无法满足机体运动所需。这时，运动能量来源主要靠糖原酵解来提供。

肌糖原是糖酵解的原料，机体参与运动锻炼过程中，机体内部可分解供能并产生乳酸。作为一种强酸，乳酸在体内积聚过多会对内环境的酸碱平衡产生一定的破坏作用，使肌肉工作能力下降，造成肌肉暂时性疲劳。这样一来依靠糖原无氧酵解供能也只能使肌肉工作持续几十秒钟。无氧酵解供能时，不需要氧，但产生乳酸，因此，被称为“乳酸能系统”。

乳酸能系统在缺氧情况下仍能产生能量，以供体内急需，是其重要的生理意义，其供能过程复杂，可简单表示如下：

$$\text{骨骼肌糖原或葡萄糖}\xrightarrow{\text{糖酵解}}\text{ATP}+\text{乳酸}$$

具体来说,糖酵解供能是,体能的糖经过一系列代谢反应生成乳酸,并释放能量的过程,就叫做糖酵解途径或糖酵解供能系统,此过程是在细胞质中进行的一连串复杂的酶促反应(图 3-4)。在氧供应不足的条件下,人体骨骼肌糖原或葡萄糖酵解,生成乳酸并释放出能量合成 ATP,用以补充在运动中消耗的 ATP,维持运动的继续进行。在无氧情况下,1 摩尔或 180 克糖原理论上可产生 2 摩尔或 180 克乳酸及 3 摩尔 ATP。

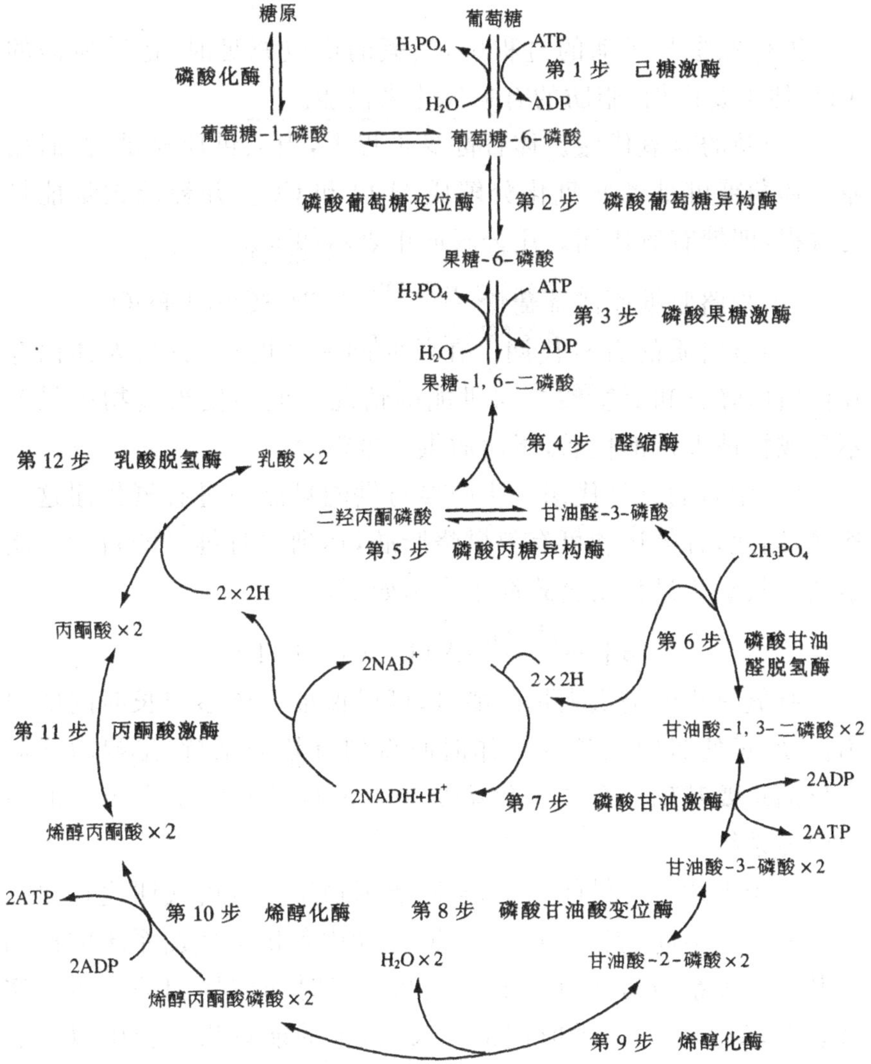

图 3-4 酶促反应

磷酸原系统和糖酵解系统供能过程都是不需要消耗氧的无氧代谢过程，它们是人体运动时的无氧代谢供能系统的重要组成部分，为短时间人体进行极量运动提供所需的能量。当运动持续30秒钟左右时其供能达最大速率，可维持1～2分钟，随后供能速率下降，其主要表现为运动强度下降。这种供能多出现于激烈的机体运动中，在运动者的运动健身过程中较少发挥作用。

3. 有氧氧化系统

人体在参与运动的过程中，当氧的供应充足时，运动所需的ATP便主要由糖、脂肪的有氧氧化来供能。

(1)糖的有氧代谢。体育健身过程中，当氧供应充足时，肌糖原或葡萄糖可被彻底氧化分解成 H_2O 和 CO_2，并释放大量能量的过程，即糖有氧代谢。用公式简单表示如下。

$$\text{骨骼肌糖原或葡萄糖} \xrightarrow{\text{有氧氧化}} ATP + CO_2 + H_2O$$

(2)蛋白质的有氧代谢。在长时间大强度运动中，人体内存在蛋白质降解和氨基酸参与供能的情况。但即使当食物中供糖不足或糖被大量消耗后，蛋白质供能也很少。

(3)脂肪的有氧代谢。脂肪参与供能只能通过有氧代谢这一途径，因此，有氧运动可有效燃烧脂肪，达到瘦身健美的目的。脂肪的有氧氧化过程用公式简单表示如下。

$$\text{脂肪} \xrightarrow{\text{有氧氧化}} ATP + CO_2 + H_2O$$

有氧氧化能提供大量的能量，可以保证人体参与长时间的耐力活动，可使肌肉较长的工作时间得到有效的维持，是耐力素质发展的重要基础。有氧氧化系统是人进行长时间耐力活动的主要耐力系统。

关于上述三个供能系统，不同能源物质的分解代谢途径提供能量的速率不同(表3-1)，一般的，运动中各供能代谢系统的活动及其相互关系与运动负荷的强度和持续时间密切相关。运动实践表明，随着个体运动时间的延长，机体的能量供应会由以糖有氧氧化为主逐渐过渡到以脂肪氧化为主(表3-2)。

表 3-1　人体能源物质代谢供能速率对比

供能代谢系统	最大供能速率（卡/分）	最大供能速率/毫摩尔 ATP（千克湿肌/秒）
ATP-CP	36	2.6
糖原酵解	16	1.4
糖有氧氧化	10	0.15～0.68
脂肪酸氧化	——	0.24

表 3-2　人体三大供能系统供能特点对比

供能系统名称	能源物质	输出功率	供能时间
ATP-CP 系统	ATP、CP	最大	最大为 6～8 秒
糖酵解系统	肌糖原、血糖	约为糖酵解系统的 50%	30～60 秒达最大，可维持 2～3 分钟
有氧氧化系统	肌糖原、血糖	约为有氧氧化系统的 50%	1～2 小时
	脂肪	约为有氧氧化系统的 20%	理论上无限

第三节　运动锻炼对人体生理健康的影响

运动锻炼对人体生理健康的影响表现在多个方面，重点从以下几方面进行分析。

一、运动锻炼对健康发育的影响

运动可促进生长发育，运动能使人体的生长发育始终处于一个良好的状态，并能促进生长发育高峰期的时间延长、生长发育高峰比一般人要高。

(一)完善身体成分

运动可促进机体内环境的变化、改变机体的物质结构,进而可以影响运动者的有机体成分构成和身体形态的变化,良好的身体形态和身体结构构成是影响个体健康的重要因素。

人体形态(外在形态)主要有身体成分、肌肉和骨骼,这三个因素对个体的正常生长发育具有重要影响。科学的运动锻炼健身有助于运动者的人体形体的改善,运动锻炼运动实践表明,经过一段时间的运动锻炼健身之后,人的骨骼、肌肉和身体成分都会产生一些明显的变化。

1.运动锻炼与体脂率

评判人体脂肪含量的标准叫作“体脂率”,它是指人体内脂肪重量在人体总体重的比例,又称为“体脂百分数”。

肥胖或者过度肥胖会提高肥胖性疾病的患病风险,如高血压、糖尿病、高血脂等,通过运动锻炼有助于消耗体脂,使人体的体脂率保持在正常范围,进而达到健康的身体状态。正常成年人的体脂率分别是男15%～18%,女25%～28%,个体体脂率的正常范围与个体的性别、年龄、运动习惯等均有密切联系(图3-5)。

运动锻炼过程中,身体的脂蛋白酶(LPL)的活性会得到有效提高,由此可以充分动员脂肪供能,促进运动中和运动后体内的脂肪分解,进而实现减脂的效果,这对于现代人体脂过高而引起的各种肥胖疾病以及青少年肥胖导致的身体不健康问题具有良好的改善作用。

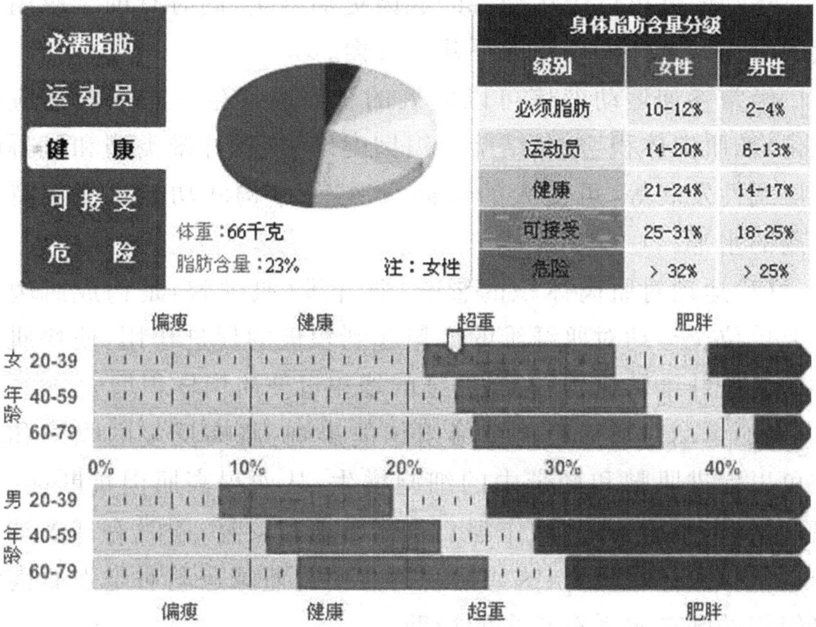

图 3-5　体脂标准

2. 运动锻炼与骨骼、肌肉

人体中骨骼和关节的比重最为稳定，参与运动锻炼，可促进人体骨骼的生长发育，运动者不断的身体活动，对于骨骼的新陈代谢具有重要影响，对骨骼长度（腿部骨骼）的增加有一定的辅助作用。运动实践表明，同处于青春发育期，与不运动的青少年相比，经常参与运动锻炼的青少年的身高可高出 5 厘米。

在系统的运动锻炼中，运动者肌肉的比重变化要明显于骨骼，而附着在肌肉上的脂肪是影响人体形态的重要因素。因此，现代人都非常注重人体肌肉的各种负荷练习，其目的也是为了减脂。

（二）紧实肌肉和增强肌力

肌肉活动是个体参与体育运动的重要基础。这里所说的肌肉主要是指骨骼肌，骨骼肌附着在人体的骨骼之上，它通过收缩，再加上关节的衔接作用使骨骼活动，为机体工作提供动力。

运动锻炼可以令运动者的肌肉更加紧实，同时有助于肌肉力量的增长。具体表现在以下几个方面。

经常参加运动锻炼可以使人的骨骼肌发生一系列的适应性变化，如肌肉体积增加、结缔组织韧度增强、肌纤维类型和肌群收缩协调性发展等，可使人的骨骼肌形态、结构和功能水平保持在较高的水平。

(1)运动对肌肉体积的影响：肌纤维(肌细胞)是构成肌肉的主要单位。运动对肌纤维的增粗起到积极的促进作用，使快肌纤维向慢肌纤维转化，同时肌纤维的增粗可使肌肉体积增大。

(2)运动对增强肌肉结缔组织的影响：肌肉反复的收缩和牵拉可以促进肌腱和韧带中的细胞增生，从而提高肌肉抗断能力。篮球运动中的大多数动作都会不断出现和反复，同时有许多动作非常依赖人体爆发力，这些运动特点使得篮球运动对增强肌肉结缔组织的强韧水平有较多的帮助。

(3)运动对肌纤维类型的影响：运动可使肌纤维得到最大限度的发展，对快肌纤维的增粗作用明显，可使肌纤维中线粒体数量增加，体积增大。

(4)运动对肌群收缩协调性的影响：运动锻炼需要机体各部分肌肉有机协调、共同完成训练任务，这种协调主要是对肌肉收缩协调性的要求，可使原动肌、对抗肌和固定肌相互配合，从而改善肌群协调性，提高肌肉收缩效率。

(5)运动对肌耐力的影响：长期运动可使体内肌糖原储备增多、使肌红蛋白含量增多，可提高肌肉的储氧能力，能有效减少运动过程中的减少乳酸生成，延缓运动疲劳的产生。

运动锻炼对人体肌肉的上述影响可提高肌肉力量、耐力，令肌肉紧实。

（三）促进骨骼强健与生长

运动锻炼对骨骼强健和生长的促进作用表现如下。

(1)增强骨骼力量。人体骨的表面有一层很薄的结缔组织是骨膜,骨膜下面是一层结构很坚实的骨密质,骨密质越厚,力量就越强。经常参加运动锻炼,可促进血液循环,增强新陈代谢,有效促进骨的结构与功能的变化,使骨密质增厚,增强骨的坚固性。

(2)增强骨骼的坚韧性。骨骼结构复杂,它里面富含造血细胞、血管与神经,骨的内层和长骨两端是结构疏松的骨松质,骨松质可保持骨的坚固而又不过重。经常参加运动锻炼,能增加骨骼血氧供应,有助于改善骨松质生理构成,使骨骼坚硬、结实。

(3)增强骨骼修复能力。一般来说,骨在骨折后经过对接可以痊愈,且骨折部位可比骨折前更加坚硬、结实。经常性的运动锻炼,可使骨骼生长变粗,还可以促进骨密度增加和骨质的提高,提高骨的抗扭、抗变、抗断和抗压能力。

(4)运动锻炼可促进骨骼生长,使身高增加,这一点在前面已经详细介绍,这里不再赘述。

二、运动锻炼对生理系统的影响

（一）运动锻炼对心血管系统的影响

心血管系统是机体血液存在的主要系统,血液在有机体循环系统(由心脏和血管组成)中,以一定的方向周而复始地流动,完成与外界物质的交换以及体内物质的运输(图 3-6)。心血管系统是促进有机体营养物质交换、维持生命的生理系统。

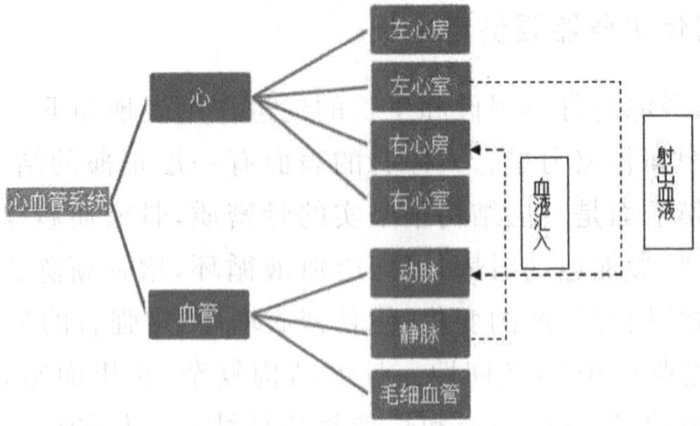

图 3-6 心血管系统

运动锻炼对机体心血管系统的健康影响表现如下。

1.促进血液循环

血液总量占人体重的约 8%,这一比重可以通过运动锻炼来改变。运动实践表明,与不运动者相比,经常运动者体内血液总量可达到体重的 10%,且血液的重新分配机能加快,可以有效保证有机体的运动营养、血氧供应。

2.改善心脏功能

科学运动锻炼可以促进体内心肌肌红蛋白的含量增加,有利于加强心脏的跳动力,使心脏搏动更加有力,每搏搏出血量更多。心脏跳动的次数随着每搏出量的增多而减少,也就是说心脏跳动次数减少也能满足机体的运动需求。

人体心脏每分钟跳动的次数变缓,会延长心脏舒张时间,使心脏有充分的时间来休息,如此心脏便能不断趋于健康,有利于延长心脏的使用寿命。

3.改变心脏形态

经常参与运动锻炼的运动者可出现心脏增大的现象,这是一种良好的生理变化。

具体来说,运动锻炼中,由于肌肉的活动量在持续增加,心脏的工作量也会有所增加，从而增加了心脏毛细血管的开放量，增粗心肌纤维，增强收缩力，可实现心脏运动性肥大，能够增加每搏输出量，加快心肌的血液供应和新陈代谢速度。

4.增强新陈代谢

人体的新陈代谢是生命活动的重要基础，人体通过新陈代谢完成机体内物质与外界物质的交换。对于个体来说，要想使自身的生理功能维持正常状态，就需要不断从外界获取营养，同时，排出体内代谢废物，机体与外界的生理交换离不开血液循环，运动改善血液循环的同时，可促进人体新陈代谢能力的增强。

运动锻炼过程中，机体耗能增加，可加快人体的物质代谢过程和能量代谢过程，增强机体的新陈代谢效率和功能。

5.提高机体免疫力、增强机体活力

红细胞和白细胞是人体血液的重要成分，二者对人体健康均具有重要的生理作用。

红细胞的增加可增强血液的血氧供应和运输，为机体活动提供更多的营养与氧气。

白细胞具有很好的免疫能力，它能够使抗体得以产生，并能够有效地消灭在人体内部侵入的细菌或病毒，从而促使身体保持健康状态。

运动锻炼可促进血液循环，可改善红骨髓的造血机能，进而增加机体白细胞和红细胞数量。因此，运动锻炼可有效增强机体免疫力、增强机体活力。

（二）运动锻炼对呼吸系统的影响

呼吸系统包括呼吸道和肺两部分构成，呼吸道与鼻、咽、喉、气管和支气管等器官相连。肺是人体气体交换的场所（器官）（图

3-7)①。在呼吸系统的生理活动下，人体与外界的气体实现交换，一方面为人体活动提供氧气，另一方面排出人体代谢生成的二氧化碳。

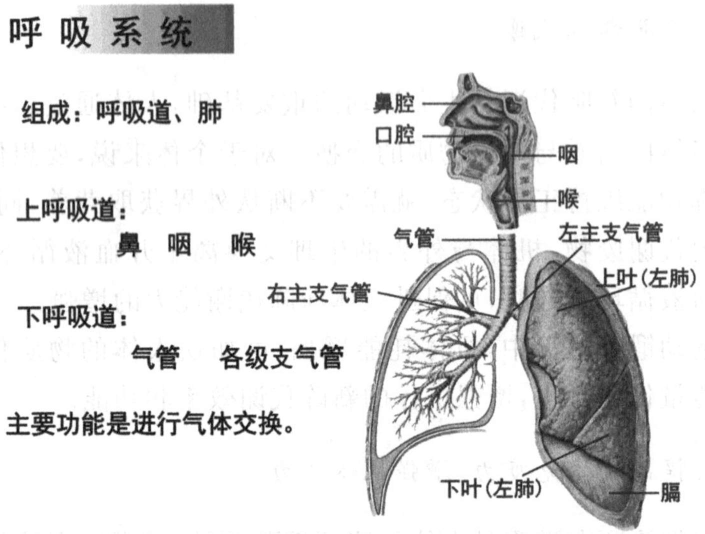

图 3-7　呼吸系统

运动锻炼对运动者呼吸系统的影响具体表现如下。

1. 改变呼吸器官结构

运动锻炼期间，机体对氧的需要量要远远大于安静状态，剧烈活动则会消耗大量的氧气，同时，产生更多的二氧化碳，这就要求呼吸系统要增加工作量以更好地满足机体活动的需求。一般来说，安静状态下一般人的呼吸频率为 12～16 次/分钟，肺通气量为 6～8 升；大负荷的运动时，呼吸次数可增到 40～50 次/分钟，每次吸入空气量达到 2 500 毫升，是安静时的 5 倍。经常锻炼，氧的需求量增加，可使呼吸的深度加大，呼吸差可增加到 9～16 厘米，胸围也会有所增加。

① 王健. 运动人体科学概论[M]. 北京：高等教育出版社，2003.

2.提高呼吸系统机能

运动者参与运动锻炼对于其呼吸系统机能的提高主要表现在增加肺活量方面。经常运动锻炼，可以增加机体的呼吸深度，降低呼吸频率，增强呼吸肌力量，肺泡弹性增大，肺活量和肺通气量的指标明显增大。一般来说，女子的肺活量是2 500毫升左右，男子的肺活量是3 500毫升左右；若经常参加运动锻炼，男子肺活量可达到4 000～7 000毫升，女子肺活量可达到3 500毫升左右。

(三)运动锻炼对运动系统的影响

人体的运动系统由肌肉、骨骼和关节组成，运动锻炼对运动者运动系统的影响具体分析如下。

1.对骨骼和肌肉的影响

运动锻炼对骨骼和肌肉的影响在前面已经详细解析，这里简要归纳概括如下：

(1)增强肌肉力量，使肌肉结实、粗壮。

(2)加强肌肉工作能力，加强营养吸收、储存，加快肌肉收缩，增强弹性、柔韧性。

(3)降低肌肉中的脂肪含量。

(4)引起肌肉对骨骼的牵拉和重压，提高骨骼机械性能。

(5)增厚骨密质，使骨骼更坚固、粗壮。

(6)增加骨骼抵抗外界压力能力，不易变弯、变折。

(7)有利于骨骼的生长。

2.对关节的影响

运动锻炼有助于提高关节的灵活性和柔韧性。具体来说，尤其是在进行拉伸练习时，关节周围肌腱、韧带和关节囊就会得到很好的伸展，这会增加关节运动的幅度，从而促进关节灵活性、柔韧性的增加。

(四)运动锻炼对神经系统的影响

人体的神经系统由脑、脊髓以及由它们发出的很多神经组成,可分为中枢神经系统和周围神经系统(图 3-8)。神经系统在人体中主要起调节作用,这种调节作用是在与其他各器官系统的共同协调下实现的。

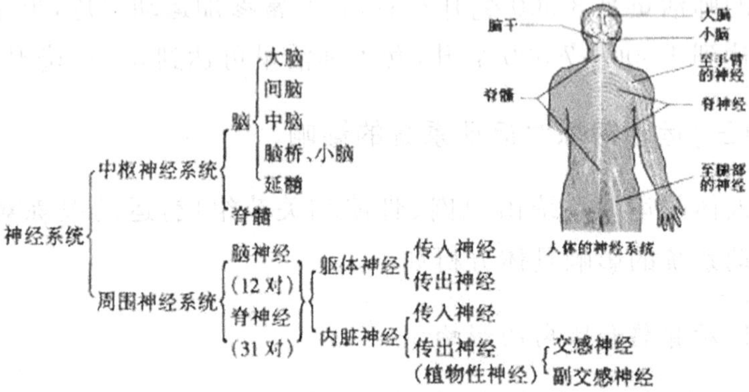

图 3-8　神经系统

运动锻炼对人体神经系统的影响表现如下。

1. 提高神经系统的反应能力

参与运动锻炼,需要身体完成一些动作,身体的配合是在神经系统信息的传导下完成的,运动过程中,各种外界刺激有助于神经系统反应能力的增强与提高,使神经系统的调节能够快速、准确地判断外界环境的变化,并迅速传达命令支配机体活动,可提高神经系统的反应能力和工作效率。

2. 提高大脑皮层神经细胞的耐受性

运动锻炼过程的顺利进行,需要大脑准确判断动作的时间和空间顺序,并确保大脑有足够的血氧供应,为大脑神经系统提供充足的营养物质,这有助于提高大脑皮层神经细胞的耐受性,提高大脑抵抗疲劳能力。

3. 延缓大脑组织的衰老

一方面，运动锻炼可促进大脑的血氧循环和营养供应，因此，可以使大脑获得更多的发展所需的物质基础；另一方面，参与运动，大脑始终处于活跃的工作状态，保持活力。因此，运动可延缓大脑衰老。

（五）运动锻炼对消化系统的影响

消化系统由消化管和消化腺组成，消化系统的各个器官（口、咽喉、食道、胃、肠等）在神经和体液调节下协作完成对营养物质的消化、吸收和残渣排出（图 3-9）。

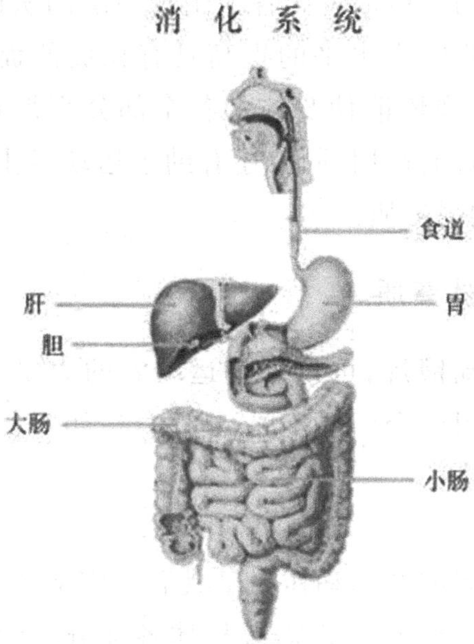

图 3-9　消化系统

运动锻炼对机体消化系统机能的提高具体表现如下。

1. 促进营养物质摄取

运动锻炼有助于促进肠胃蠕动，增强人体内脏器官机能，因此，可实现人体对食物和营养更好地吸收。

2.促进代谢废物排泄

科学运动锻炼能够有效促进肠胃平滑肌和消化道括约肌功能的改善,使其变得更强壮,从而使得肠胃的蠕动更加有力,可更加高效地排泄消化废物。

此外,运动锻炼还有助于按摩肠胃、增强食欲,治疗厌食症。

三、运动锻炼对体质健康的影响

(一)提高体质水平

运动锻炼有助于运动者的各项生理系统的机能水平的提高,这对于个体的体质健康水平的提高具有积极的促进作用。具体来说,系统的运动锻炼能使身体的各个部分都得到充分的锻炼,具有强健身体器官的作用,同时还有助于运动者生理机能的提高和强壮,故而能增强体质。

(二)提高身体素质

通过参与运动锻炼,可以促使运动者的力量、耐力、速度、灵敏度等身体素质得到全面的发展,具体分析如下。

1.增大力量

运动对运动者的肢体动作力量具有一定的要求,运动锻炼期间,运动者完成各种动作,都需要机体各部分组织在一定的力度与力量下实现运动并完成具体动作,这对机体的力量素质发展具有重要促进作用。

2.发展耐力

良好的肌耐力是机体完成生理活动和运动训练任务的基础。正如前面所说,运动可促进肌肉结构和形态的变化,研究分析发现，肌纤维有快肌和慢肌两种类型，慢肌（红肌）对肌肉耐力影响较大，它含有较多的肌红蛋白，红肌发达，则有氧耐力好。而经常参与运动锻炼可提高肌肉的耐受性，有助于机体无氧耐力的发展。

3. 发展速度

经常参与运动训练可使机体在完成各种身体活动和技术动作时更加快速和高效，这是由于运动提高了机体对运动内容、负荷的适应性的结果，因此，可以促进机体的各项速度（反应、动作、位移）素质的发展。

4. 改善柔韧性和灵敏性

运动有利于运动者身体柔韧性和灵敏性的发展，不同的运动锻炼内容需要身体不同（或者全身）部位协调参与完成，这对机体的各部位的关节、韧带、肌肉柔韧性具有一定的要求，反复练习，可促进机体组织的柔韧性和灵敏性的改善。

第四章 运动锻炼与心理健康促进研究

运动锻炼和个体心理健康存在着紧密联系，一方面科学可行的运动锻炼能提高个体心理健康水平，另一方面运动锻炼的心理学基础对运动锻炼成效有决定性影响。本章着重对心理健康理论知识、运动锻炼的心理学基础、运动锻炼对人体心理健康的影响、促进心理健康的心理技能训练方法进行详细阐析，以期夯实运动锻炼与心理健康促进的理论基础，促使运动锻炼在促进个体心理健康水平方面发挥更显著的作用。

第一节 心理健康概述

一、心理健康的含义

发展至今，绝大多数人都认为健康就是身体健康与心理健康。心理健康的内容集丰富性和模糊性于一身，关于心理健康的含义有很多种说法，同时这些说法的立足点各不相同。不同的人在确立心理健康时，参照的标准和把握的尺度都会有所差异。

虽然人们立足于不同视角提出了自己对心理健康的认识和见解，但我们可以从精神实质上对心理健康的内涵形成大体的认识。具体来说，心理健康就是一种心理状态，这种心理状态在很长时间内都比较稳定，无论身处什么样的困境，心理均不会失调，情绪都处在相对稳定的状态，做出的行为也比较适度，能够在短时间内适应自己的工作与周边环境。

需要说明的是，这里所说的心理状态并非指心理处在固定不变的状态，相反是处在不断调适、不断发展的状态，换句话说心理健康状态是指在不断调适和发展过程中形成的集持续性和稳定性于一体的心理状态。同时心理健康并不是说对所有事情都全盘接受，而是指在主流层面、在对待环境以及问题的反应上都会体现出良好的适应倾向。

二、影响心理健康的因素

人的心理健康是一个尤为复杂的动态过程，其中包含很多比较独立的特质，所以作用于个体心理健康以及导致心理障碍的因素同样具备复杂性和多元性特征，归纳起来就是生物、心理、社会三个层面的因素综合作用的结果。

(一)生物遗传因素和生理发展的影响

1. 遗传因素

每个人作为一个整体都和遗传因素存在尤为紧密的联系，具体包括机体的构造、形态、感官、神经系统等层面的解剖生理特征等，其中能力和性格的一些成分比遗传因素发挥的作用更加显著。

2. 感染因素

各类细菌感染和病毒感染会使得作为心理器官的大脑受到伤害，并由此产生器质性障碍或者精神失常。

3. 大脑的外伤

物理性损伤是造成大脑外伤的主要原因，如产伤或窒息引发的脑乏氧，都会造成脑损伤以及心理发育异常。

4. 化学性损伤

化学药物中毒、食物中毒以及煤气中毒等很多体外毒性化学物质侵入人体内，都会造成意识和精神障碍。

5. 内分泌功能障碍

甲状腺功能低下或甲状腺功能亢进都是引发人类智能低下以及心理障碍的原因。

6. 脑器质与功能性障碍

脑血栓、脑出血、脑梗死后遗症均会使人们的智力低下、记忆力减退、人格改变等，使得人的全部心理过程产生变化。

(二)心理社会因素的影响

1. 早期教育与家庭环境

家庭是以血缘为纽带的社会生活基本单位，同时是整个社会的缩写。不管是社会意识形态，还是社会生产方式和多元化社会关系，都会利用家庭这个社会生活基本单位来影响儿童。

2. 生活事件与社会环境变迁

在现实生活中，广大群众往往会遇到变化多样的社会生活变动，但正面生活事件和负面生活事件都会给人们带来压力，使得人们产生心理应激，大学生同样如此。原因在于个体遇到不同类型的生活事件之后，心理应激水平往往会大幅度提升，由此对个体生理反应以及心理平衡产生不同程度的作用，最终对人们的身心健康产生负面作用。

3. 心理冲突

在一整天里，每个人都会面对很多选择，当每个人做出选择时往往会面临冲突的情景，具体就是每个人只能做出一个选择、丢掉另外一个选择。由此可见，心理冲突得以形成基本上是一种必然。倘若一个人在很长时间内都处在某种心理冲突状态，那么必然不利于个体的身心健康。

4.特殊的人格特征

任何人的人格特征都是独一无二的，而人格特征对个体心理健康有显著作用，同时是个体出现心理障碍或者精神失常的一项病前因素。

第二节 运动锻炼的心理学基础

针对运动锻炼的心理学基础，本节着重对运动的动机、运动者的自信心、运动者的注意力以及团队凝聚力进行阐析。

一、运动的动机

(一)动机概述

动机是人从事某项活动的内部动力因素或是心理动因，它是人们从事某项活动的内部原因。动机可以引起个体的活动，维持已引起的活动，并导致该活动朝向相应的目标行进。同时，动机还起着强化或抑制人们相应活动的作用。心理学认为，可用“方向”和“强度”来观察和研究人的动机。“方向”即为人的目标选择，即要做的某事；“强度”即为做某件事的愿意和实际付出多大的努力，它是动机对人的激活程度。

产生动机需要有需要和诱因两个必要条件，需要是内部因素，诱因是外部因素。当人们的某种需要得不到满足时，自身的平衡状态就会被打破，从而在心理和生理方面引起一定的不适应，为了缓解这种状态，人们会去寻找满足需要的对象，从而产生动机。诱因则是激发动机的各种外部因素，是外界对人们的各种刺激因素，如良好的环境、人们的称赞等。运动动机通常是两者相互作用的结果，内因是主要因素，外因则是通过内因起作用。

运动动机与运动者的活力、坚持等品质都具有密切的关系，其被赋予较高的价值。具有较高运动动机，则运动者能够严格要求自己，积极参加运动训练，约束自身的生活和饮食，不断提升自己。具体而言，运动动机的作用主要表现在以下几方面。

1. 始发功能

人们付诸行动的前提条件是具备相应动机。例如，一些运动者为得到老师和家长的称赞，往往会全身心地投入到训练中；再如，一些运动者为了提高自身的生活品质，往往会自觉提高自身的各个方面。

2. 指向或选择功能

运动动机能够激发人们的行为，使得其活动向着某一目标前进，并选择出相应的方向。

3. 维持和调整功能

动机不但能激发人开始某项活动，在活动开始后，还能维持活动的进行。在进行运动时，如果运动动机较强，则运动者能够坚持很长时间，并且当遇到困难时，运动者也会想方设法来克服困难。倘若运动者没有运动动机，一旦遇到困难就极易产生退缩的想法和行为。

（二）动机的分类

参照不同分类标准能划分成很多种类型，通常人们会将动机划分成生物性与社会性动机、直接与间接动作、外部与内部动机等。

1.生物性动机和社会性动机

(1)生物性动机。为了满足人的生理需要,如运动的愉悦感、宣泄的需要等,进行相应的活动的动机。这一动机对个人的心理和行为产生较大的影响,当动机得到实现,则能够获得较大的满足和愉悦;反之,则会产生情绪的不良反应。

(2)社会性动机。社会性动机是指那些获得尊重、认同、友谊等社会化需要的动机。社会性动机是后天习得的,同时其影响力具有持续性特点。

2.直接动机和间接动机

(1)直接动机。直接性动机的内容相对具体,行为的直接动力较大,如有的人从事相应的运动是为了本身的兴趣,是对自我的挑战。这种动机与当前所从事的活动关系密切。

(2)间接动机。间接动机和当前活动存在的联系很少,和运动产生的结果以及社会意义存在的联系很紧密,所以能产生持久的影响力。举例来说,某些运动者对自身从事的运动本身没有浓厚兴趣,而是把主要精力用来战胜对手以及克服困难。

3.缺乏性动机和丰富性动机

(1)缺乏性动机。缺乏性动机是以排除缺乏和破坏、避免威胁、逃避危险等需要为特征的动机。它包括生存和安全的一般目的。

(2)丰富性动机。丰富性动机是指以活动经验、满足,以及发现、成就和创造等为特征的动机。丰富性动机包括满足和刺激的一般目的,其往往趋向于张力增强而非张力缩减,这和缺乏性动机恰恰相反。

4.外部动机和内部动机

(1)外部动机。外部动机是指外部诱因转化而成的动机,外部动机的动力源于和外部动员的力量，具体包括获得肯定、获得赞扬等。

(2)内部动机。内部动机是指源于主观内部原因的动机，具体是指好奇、好胜心、自尊心、荣誉感以及归属感等。

二、运动者的自信心

(一)运动自信的概述

自信是指个人相信自己，对自己所知的事情、所做的事情或已做的事情确信不疑。运动自信是指在运动领域中的自信，具体就是运动者能够完成某项任务的信念。运动自信和运动表现之间有稳定的正向关系，具备超强自信心的运动者往往会有较好的运动表现。一般来说，自信的运动者在认知、情绪以及行为等方面都会表现得很积极，如此对其运动表现的提升有显著作用，同时他们能调节焦虑对于运动表现的影响，增强自身战胜困难的勇气。除此之外，不同自信水平的运动者对焦虑的解释也存在着差异，具有较高水平的运动者对于焦虑的解读更加积极，促使个体调整情绪，进而对运动成绩产生积极的影响；对于自信程度较低的运动者来说，他们会把焦虑提高的情况判定为不可控制，由此必然会对其运动表现产生负面影响。

(二)培养运动自信的方法

1.引发成功体验

如果运动者多次成功地完成某一技术动作，则就会对自己的能力充满自信。创设成功的情境是提升自信的重要策略。在运动训练时，可通过创设相应的情境，让运动者有机会获得成功的体验。另外，还应培养其在不利环境下积极自信的态度，可创设不利的情境，使其在不利情境下获得成功的体验。

2.心理技能训练

(1)自我暗示。如果在比赛中出现情绪起伏较大、情绪不稳定等情况,可采用自我暗示的方法,通过默念"我必须沉着、镇静""我感觉很好""这个动作我能完成好"等来稳定情绪。

(2)自我松弛法。自我松弛法是指比赛尚未开始前,运动者通过放松躯体肌肉来缓解紧张心理。自我松弛法的具体做法是排除杂念,意念集中,做深呼吸,自信地微笑,以及从头部开始放松全身肌肉。

(3)建立乐观的思维定势。当运动者情绪紧张由消极的思维引起,并被自己察觉时,应采取积极的思维来阻断消极的思想意识。通过这种方式,能够使得自己从不良情绪中快速摆脱出来。

3.能力重评

正确认识和评估自己与运动有关的能力,是提升运动自信的有效策略之一。能力重评能够帮助运动者聚焦于自己的优点,同时将注意从自己的弱点上转移。具体来说,运动者可以将自己的优点列表,帮助自己重新认识和评估自己在身体、技术及心理方面的优势;也可以基于训练及比赛,列出自己先前的成就,同时列出自己对将来获得成功的信心来源。

4.自卑的调整

自卑是人们经常出现的一种心理问题,产生的主要原因是在生活中受挫以及他人对自身的评价偏低,其中在生活中受挫是根本原因。矫正自卑心理的可行性措施如下:

(1)对自己进行客观评价。每个人都有自己的长处与短处,不能因自己某些竞技能力方面有缺陷而怀疑自己的全部能力。因此,运动者不仅应该如实看到自己的不足,而且还要善于发现自己的长处。

(2)与别人进行合理比较。运动者不应该总是用自己的不足与别人的长处相比，而应该与环境和心理条件相近的人进行比较，这样，他们才能清醒地认识自己的实际水平和自己在群体中的位置。

(3)正确地分析原因。运动者如果因为主观目标脱离实际而导致失败，那么调整目标即可；如果因自己努力不够或方法不对，改进即可；如果确因能力不足而致失败，则另辟蹊径即可。总之，运动者应该接受现实，容忍自己的不足，并通过其他方面的努力，扬长避短。

(4)进行适当合理的表现。运动者应有意识地做一些力所能及和把握偏大的事情，即便是小事，也不能自动放弃争取成功的机会，因为所有成功都会有助于增强自信心，有助于运动者尽快摆脱自卑心理。

三、运动者的注意力

(一)注意方式

注意是心理活动或意识对相应对象的选择、指向和集中。注意能够使人选择与当前任务一致的各种刺激，避开各种干扰刺激，从而保证人们对事物有更加清晰、正确的认识，有更正确的反应和更有序的控制。在体育运动中，不同的运动项目需要运动者不同的注意方式。

1. 注意方式的理论

一般将注意的结构分为两个维度，即注意范围和注意方向。所谓注意范围，主要是指在瞬间能够清楚地把握的对象的数量，具有广阔的注意则能够同时获得各种信息。注意的方向则是指人关注的是外部环境还是自身的身心状况。把注意范围和注意方向有机结合起来，能把注意划分成四种方式，如图 4-1 所示。

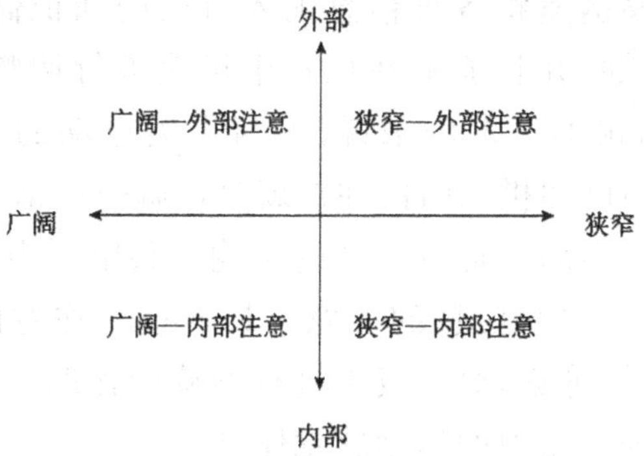

图 4-1　注意的四种方式

2. 注意方式对运动的影响

注意方式主要包括广阔—外部注意、狭窄—外部注意、广阔—内部注意、狭窄—内部注意，这四种注意方式对运动产生的影响如下。

(1)广阔—外部注意对运动的影响。广阔—外部注意是指注意范围广阔并指向外部环境的注意。在需要把握较为复杂的运动情境时，这一注意方式是最为合适的，运动者根据外界的情况做出相应的决定，如篮球、足球、排球等集体性运动项目。运动者具有良好的广阔—外部注意能力就能够较好地注意外部环境的变化，从而获得较多的外部信息，从而增强自身判断和预测能力。

(2)狭窄—外部注意对运动的影响。狭窄—外部注意即为注意范围狭窄并指向外部环境的注意。在运动比赛中，运动者做出反应的短暂时刻，需要这种注意。另外，在运动过程中，运动者需要对自己的力量和疲劳程度进行评估，并根据自比赛的状况对自己的动作做出相应调整，都需要运用这一注意方式。例如，足球守门员防守对方点球的短暂时刻所需要的注意。通常情况下，长期参与台球运动和高尔夫球运动的运动者具备较高的狭窄—外部注意，原因在于这两项运动对参与者集中注意力的能力提出了很高要求。

(3)广阔—内部注意对运动的影响。广阔—内部注意指注意范围广阔并指向内部信息的注意。具备这一能力的人往往善于思考，并且能够迅速将各种信息纳入自己的知识储备之中，制订相应的比赛计划，并且能够在比赛中迅速进行调整，对对手的反应做出相应的预测。举例来说，参与棋类运动的人在对弈过程中，搜索记忆中已知棋局时的注意就是广阔—内部注意。

(4)狭窄—内部注意对运动的影响。狭窄—内部注意指注意范围狭窄并指向内部信息的注意。具备这一注意的运动者能够敏感地把握身体感觉，对技战术进行准确的诊断。例如，体操、跳水、体育舞蹈等运动中的运动感觉体验。

从整体来说，参与运动比赛的运动者需要多种形式的注意方式，同时需要把不同种类的注意方式科学组合起来，由此产生最理想的运动表现。国外学者认为，每个人、每个集体运动项目都需要将注意范围和注意方向加以特殊组合，以产生最佳运动表现(图 4-2)。因为多数运动比赛的情景复杂且变化速度快，所以运动者必须充分利用外部注意方式。

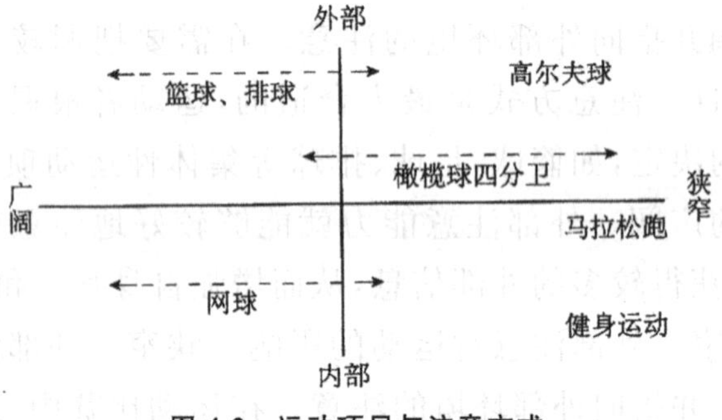

图 4-2 运动项目与注意方式

(二)注意对运动活动的影响

人与人在注意能力上存在或多或少的差异，这就使得人们注意的信息、注意的转移、注意的强度、注意的持续时间等会有所不同，最终产生不同影响。

1. 特质注意和状态注意

特质注意是人格特质中的一部分，其是相对较为稳定、不易变化的，在不同的情境中这一注意的表现具有一致性。状态注意则是依赖于具体情境而不断变化的，这一注意是可以进行调节的。特质和状态的划分有助于解释为什么在个人的操作活动中会出现很大不同。

2.注意能力的个体差异

在运动竞赛中，如果不能妥善解决注意方面的问题，就意味着运动者不能及时进行自我的调节以适应赛场的变化，则就会造成比赛的被动。不同运动项目的运动者其注意特征不同，并且同一项目的运动者也具有不同的注意特征。通过长时间的系统训练，不同运动项目的运动者其注意方式会得到巩固和发展。

3.唤醒与注意过程的关系

焦虑和唤醒水平的提高会从两个方面影响注意过程，其中一方面会对注意方式转换的过程产生干扰作用，另一方面会缩小注意范围。

通过进行相应的心理学实验，要求被试同时完成两个任务，一个视作主任务，另一个视作次任务，要求被试者将注意集中于主任务的操作。最终结果显示，当提高被试者的唤醒水平后，被试者对于次任务的外部注意范围缩小了。

人们唤醒水平升高造成的结果是对外界环境信息范围的关注缩小以及注意能力的降低。人们在唤醒水平升高时，周围视觉的敏感性降低。对于很多运动项目而言，注意范围变得狭窄，将会遗漏很多重要的信息，如在篮球比赛中，如果注意范围狭窄，很容易出现传球的失误、被抢断，在进攻和防守时由于没有大局观而处于被动。需要注意的是，如果注意范围过于宽广，则会接收到较多的信息，很多无关信息也会被纳入，从而不利于进行判断。

四、团队凝聚力

(一)体育运动团队凝聚力的概念

团队是拥有共同目标的人的组合,团队之内各人员具有一定的关系,相互产生一定的影响。团队具有共同的目标,这是所有的团队成员团结在一起的基础,也是使各成员产生一定的归属感和依赖感的重要原因。团队本身是一种实体,不因某个人的去留而存废。团队中有一定的规范和秩序来保证工作的正常运行,并以团队的利益为动作和行动的出发点。一个团队要想获得长足发展,就必须确保团队拥有强大的凝聚力,团队内的成员要密切配合、积极协作、高质量完成各自的本职工作,为共同目标不懈奋斗。

体育运动团体凝聚力又称为体育运动团队凝聚力,是指体育运动团体成员之间心理结合力的总体,它外在表现为共同追求同一目标或对象的动态过程。体育运动中,各队员和教练员构成了一个团队,他们在统一规范和目标的指引下,相互协同工作,进行一定的运动训练和比赛。

就体育运动团队凝聚力的形成过程来说,一方面是在团队成员吸引的作用下出现资源聚集,另一方面是团体本身的凝聚力把队员聚集在一起,人们常把这两个方面的影响因素概括为团队团结力量和个人心理感受。

团队成员的心理感受首先表现为其对团队的认同感,成员对团队的行为方式和规范准则表示认同,才能与其他队员一起形成共同的认识和评价,这是团队凝聚力形成的重要先决条件。团队成员的心理感受还表现在其对团队的一定归属感,只有队员具有一定的归属感,才能更好地融入团队之中,真正关心团队的利益得失、成功失败。另外,团队成员的心理感受还表现为团队的力量感,各团队成员团结协作,从而表现出一定的自信心,在良好的配合中创造卓越的成绩。

在团体性运动项目，如足球、篮球、排球等项目中，团队凝聚力能够有效发挥各成员的作用，使其能力发挥最大化，使团队在竞技中取得更好的运动成绩。当团队取得良好的运动成绩之后，各成员对团队形成更进一步的归属感，甚至产生一定的团队自豪感和荣誉感，使团队的凝聚力进一步提升和发展。团队作用的发挥是各个成员一起努力的共同成果，成员个体在团队中发挥着重要的作用。团队成员间如个性、认知、动机及生活态度等较相似，易彼此亲近、交心了解、关系融洽。

团队具有良好的氛围，能够形成良好的协调和交往，则能够提高成员心理上的接受和适应度，能够更好地促进团队朝着目标前进。需要指出的是，在整个社会大环境下，尽管团队会表现出一定的稳定性，但是这种稳定性受到社会环境因素的刺激，从而导致各成员发生心理和认知上的变化。由此可见，团队中不可避免地会出现一些不和谐因素，同时对团队凝聚力的发展产生负面影响，这种情况下就需要团队坚持进行自我调整，设法使团队中的矛盾得到缓解，尽可能满足团队成员的多元化需求，最终有效推动团队的发展进程。

(二)体育运动团体凝聚力的主要影响因素

体育运动团体成员凝聚力的影响因素有多种，如目标的一致性、团队水平、领导风格、成员心理、外界压力等各方面都会对团队的凝聚力产生一定的影响。

1. 目标的整合

团队各成员之间只有形成一致的团队目标，实现团队目标和个人目标的整合，才能共同促进团队的发展。团队目标和个体目标的整合要以自愿为基础，这样才能真正形成合力。如果强制性地进行整合，则会起到相反的作用。

2.领导方式和领导风格

团队领导对团队凝聚力产生的影响巨大，具体表现为团队领导的风格和领导方式会对团队其他成员的主观能动性产生显著作用。

3.成员的互补性

团队各成员之间各司其职，形成长短互补，使团队的效能发挥到最大，从而促进团队的发展。团队各成员之前形成优势互补，其表现为多方面的，如智力、性格、年龄等方面实现互补，能够实现团队实力的增强。

4.心理相容

心理相容是指团队的领导与领导之间、领导和成员之间、成员与成员之间能够相互信任、相互支持，促进团队的共同发展。

5.内部竞争

团队的发展需要内部的竞争，以此来激励各成员不断提高自身，促进团队的发展。诸多实践表明，合理的内部竞争会对团体凝聚力产生巨大影响；而不合理的内部竞争则会使团队成员之间出现分歧，增加团队成员的压力。

6.团体稳定性

团体稳定性是指团体成员的变动程度。好的团队往往都具备一定的稳定性，具体反映为成员和政策方针两个方面的稳定性。

第三节　运动锻炼对人体心理健康的影响

一、提高运动者的认知能力

（一）发展思维

运动锻炼要求运动者对外界事物做出迅速准确的感知并加以判断，还要求在复杂多变的条件下做出相应的回应，因此需要运动主体综合运用身体各种感觉器官来感知动作形象、动作要领、肌肉用力程度、动作时空关系等，建立正确完整的动作表象。

运动锻炼提高运动者认知能力的作用反映在两个方面：一方面，包括走、跑、跳、投在内的各种基础运动训练能有效发展运动者的运动认知和运动思维；另一方面，长期坚持运动锻炼能调节大脑皮层的神经，协调中枢神经，促使大脑皮层神经过程的均衡性和灵活性加强，提高大脑皮层判断分析环境的能力，加快大脑反应，促进大脑思维的发展。

（二）提高情商

情商是一种非智力因素，其主要表现为协作配合能力、处理人际关系的能力、组织管理能力、解决问题的能力以及承受挫折的能力等。情商作为一种非智力因素，对个体的学业以及日后事业的成功都很重要。

参加运动锻炼，能够使人的充沛的体力和精力、良好的心理承受能力、公平的竞争意识、广泛的社会交往能力等得到有效的培养与提高，并且以较高的情商去应对学习、工作和生活中的困难。

二、创造良好的情绪体验

情绪是个体心理活动的核心，它影响着人的学习、工作和生活。当今社会生活节奏快、工作压力大、各种竞争加剧，要求人的心理承受负荷的能力要不断加大。面对强大的心理压力，要保持良好情绪，学会驾驭情绪是现代社会中人成熟情感的表现方式。诸多事实表明，坚持参与运动锻炼能使人们的情绪状态得到改善，也能使人们调节情绪的能力得到显著增强。

（一）体验运动快感

运动锻炼具有对抗性和趣味性，使得愿意参与这项运动的人的年龄跨度和阶层均较为广泛。对于青年学生群体来说，他们乐于体验运动中的对抗性感觉，这是增强身体素质和提升自我竞争意识的良好渠道。

在体育场上，通过畅快淋漓的运动锻炼，可令人暂时抛弃烦恼，沉浸在运动之中，充分感到兴奋和愉快。此类兴奋感和愉快感的存在就是得益于身体的剧烈运动，特别是经历激烈的身体接触与碰撞的刺激，尽情地释放出人类攻击性的本能。在这个过程中所激发出的极度兴奋性，使运动者忘记疲劳，忘记伤痛，完全陶醉在兴奋和快乐之中。

（二）体验成功和成就感

对抗性体育运动过程中，运动者或进攻或防守，最终获得比赛的胜利，在这一过程中他们与对手要进行全方位的对抗，这种对抗包括身体、技战术、意识以及意志力。当运动者在付出大量体力和汗水后获得比赛胜利时，往往会获得很大的成就感。

通过努力最终获得胜利的成功体验会让人如痴如醉，久而久之就升级成为一种对成功感的欲求不满，它不仅可以丰富人们的生活内容，提高生活质量，而且能够促进人们在日常生活、学习中积极向上、争取成功。

(三)提高情感自控能力

对于参与运动锻炼的运动者来说,一定要勇于挑战自我并积极和同伴展开竞争或者协作,在此基础上体验情感,如此能使个体在运动过程中充分体验到成功与失败、进取与挫折、欢乐与痛苦、忧伤与憧憬,进而使得运动者掌握在积极情感和消极情感中迅速完成自我情绪转化的方法,使运动者自我控制情感的能力得到大幅度提升。

(四)疏导不良情绪状态

运动实践表明,人体参与运动锻炼能增进快乐、调节情绪、振奋精神等,同时这种积极的情绪状态还能使人的自尊、自信、自豪、自强得到有效保证,有效缓解甚至消除焦虑、烦恼、抑郁、自卑等不良情绪。

三、塑造健全的人格精神

现代健康由多重内容组成,拥有健全的人格精神是完全健康的一项重要标志,所以说健全的人格对个体终身发展至关重要。运动锻炼有助于运动者逐步构建健全人格精神的作用体现在以下几个方面。

(一)完善个性心理

个性心理是指个体身上表现出的带有稳定性和经常性的心理特点。就个人性的运动锻炼而言,其本质是人与人的对抗,只有个人能力强,气质和性格健全,个性鲜明和人格独立的人,才敢于冒险和创新,才有可能在复杂困难的条件下坚持与强有力的对手进行顽强的对抗,并取得比赛的最终胜利;就集体性的运动锻炼而言,团队与团队之间的对抗需要每一个人的努力与认准自己的角色定位，团队中的每一个人的发挥都能决定团队的战斗力，相反也可以说团队的行为需要依靠每一个人来配合，必要时还要牺牲个人的利益，如得分或上场时间。

在不同形式的运动锻炼中，不同的角色扮演和个体必须坚持不懈地拼搏和奋斗，从而尽快克服主观层面的困难和客观层面的困难，而这个过程对运动者形成良好个性心理有很大的正面作用。

（二）提高抗挫能力

运动锻炼之所以能增强运动者的抗挫折能力，主要是受运动锻炼自身规律的影响。通过统计来看，在两支智力相当的队伍比赛中，往往进攻的成功率只有30％～50％，超常发挥的球队可能达到进攻成功率在50％以上。相对的，防守的成功率则较高一些。不过，不管是进攻还是防守，都会经常面临失败的情况，这就形成了一种体育运动参与者在训练和比赛的过程中不断重复"进攻—失败—再进攻—再失败—积极拼抢—再进攻"的规律。

参与体育运动对抗，有胜利必然就有失败，正是在这反反复复挫折与失败的情景教育中，体育运动参与者才不断获得磨炼自己、屡败屡战、不断进取的体验和心情。通过一次又一次的小挫折到中挫折，再到大挫折，不断提高自己抵抗失败打击的心理承受能力，如此进行下去，必定可以练就出可以经受千锤百炼且百折不挠的顽强意志。

对于组织和开展运动锻炼活动的教练员来说，一定要有目的、有计划地引导运动者正确比赛心理，积极举办多样化的竞技训练活动和运动比赛，从而使运动者逐步形成良好的意志品质。

四、培养良好的意志品质

运动锻炼对运动者意志品质的培养效果尤为显著。在参与运动锻炼的过程中，运动者常常需要不断和各种主客观困难做斗争，如在进行锻炼中身体负荷强度大，常常需要达到身体极限，有时还会造成心理上的疲劳，所以说运动锻炼能有效磨炼运动者的意志品质。

与此同时，参与运动锻炼能使运动者逐步形成团结拼搏、乐于奉献、积极向上的优良品质；在体育规则的约束下，对于学生形成文明的行为方式和良好的体育道德风尚是较为有利的；在体育竞赛过程中，不仅有利于培养学生克服困难、善于创新的精神，也有利于培养学生科学、文明、健康的生活态度。

第四节　促进心理健康的心理技能训练方法

一、放松训练

（一）放松训练的定义

放松训练是以一定的暗示语集中注意，调节呼吸，使肌肉得到充分放松，从而调节中枢神经系统兴奋性的一种训练方法。就当前来说，被广泛介绍和应用的放松方法有美国生理学家雅各布森首创的渐进性放松方法、德国精神病学家舒尔茨等人提出的全身自生训练放松方法、东方传统的一些放松方法，如中国的气功、印度的瑜伽和日本的坐禅等。

尽管这些方法在训练形式、训练内容、训练程序三个方面存在或多或少的差异，但也有很多共同点。具体的共同点包括注意力高度集中于暗示语，进行深沉的腹式呼吸，清晰知觉肌肉不同程度的紧张状态，并使全身肌肉达到彻底放松。

大量资料表明，放松训练可以在比赛之前用以调节情绪，做好赛前心理准备，也可以在训练和比赛过程中作为解除紧张情绪、稳定心理状态的一种措施，还可以在训练或比赛之后作为心理恢复的措施来采用。除此之外，在参与放松练习的过程中，采取腹式呼吸能缓解运动者的紧张感。

(二)放松训练的作用

在运动训练和竞赛中，运动员经常会遇到各种情绪问题，如过度紧张、焦虑、恐惧、倦怠等，同时还会伴随出现中枢神经系统的过度兴奋、过度抑制或中枢疲劳等生理变化。而放松训练可以帮助运动员掌握一些身心调节方法，使其身心状态向有利于训练与比赛需要的方向转化。

放松训练作为基础性的心理技能训练方法，对运动者产生积极作用的具体表现是：第一，降低运动者中枢神经系统的兴奋性；第二，降低运动者由情绪紧张而产生的过多能量消耗，使身心得到适当休息并加速疲劳的恢复；第三，促使运动者为参与其他心理技能训练做好充足准备。

放松训练之所以具有上述作用，主要源于大脑与骨骼肌之间的双向联系，即信号不仅从大脑传至肌肉，也从肌肉传往大脑。当肌肉活动积极时，从肌肉向大脑传递的神经冲动会增多，大脑就会更兴奋，比赛前的热身准备活动通常能起到这种作用；相反肌肉越放松，朝大脑传递的冲动就会越少，大脑兴奋性也会随之降低，运动者的紧张情绪也会得以缓解。

截至当前，放松训练的作用已经获得诸多研究的证实。具体来说，孙宁的研究证实，放松训练对运动员的认知焦虑和状态自信心具有显著的调节作用，不同放松方法对运动员焦虑水平的调节作用具有显著的差异；蒋丰、储石生研究发现，渐进式心理放松训练能有效降低运动员的躯体焦虑以及特质焦虑水平，同时降低效果相当稳定。

(三)常见的放松训练方法

1. 自生放松训练

自生放松训练是指通过暗示语使身体所有部位获得直接放

松，由此达到全身放松的方法。自生放松训练的具体做法如下。

(1)准备姿势。运动者在安静的环境中，保持舒适的姿势，静听带有暗示性的指导语，缓慢地、逐个部位地体验肌肉松弛带来的沉重感和血管扩张带来的温暖感，并慢慢进入心理和生理的放松状态。

自生放松训练可采取坐式或躺式两种姿势。坐式的动作要点是：运动者舒适地坐在一张软椅上，胳膊和手放在椅子的扶手或自己的腿上，双腿和双脚采取舒适的姿势，脚尖略向外，闭上双眼；躺式的动作要点是：运动者仰面躺下，头舒服地靠在枕上，两臂微微弯曲，手心向下放在身体两旁，两腿放松，稍分开，脚尖略朝外，闭上双眼。

运动者想象自己套上一副放松面罩，把紧锁的双眉和紧张的皱纹舒展开来，放松面部的全部肌肉。深深地吸气，然后慢慢地呼出，呼出的时间可以是吸入时间的约两倍。

(2)放松练习。全身放松训练由六种练习方法组成，即四肢沉重感练习、四肢温暖感练习、心脏调整练习、呼吸调节练习、腹部温暖感练习和前额温暖感练习。

(3)以四肢沉重感练习为例的练习程序

①运动者闭上双眼，从右手开始做起。一边默默地重复下面的句子，一边想着它们的含义：我的右臂变得麻痹和沉重(6～8次)；我的右臂越来越沉重(6～8 次)；我的右臂沉重极了(6～8次)；我感到极度平静(1 次)。

②运动者睁开眼睛，抛掉这种沉重感，弯曲几下胳膊，做几次深呼吸，重新摆好适当的姿势，设想自己又套上放松面罩，重复前边的动作，包括准备动作。

③运动者每天做 2～3 次沉重感练习，每次 7～10 分钟。用适当的语调逐句重复前边的句子，同时设想自己的手臂正在变得越来越沉重。运动者参与练习的过程中避免过度用力，只需做到全神贯注于词句和沉重感就行。倘若运动者无法想象出这种沉重感，建议在两次练习之间举个重物来进一步体会，同时大声说

出："我的胳膊越来越沉重。"

④运动者用右臂做3天沉重感练习后，以完全相同的方法用左臂练习3天，最后按照下面的程序来训练：双臂变得麻痹和沉重(3天)；右腿变得麻痹和沉重(3天)；左腿变得麻痹和沉重(3天)；双腿变得麻痹和沉重(3天)；四肢变得麻痹和沉重(3天)。

2.渐进式放松训练

1929年，美国学者雅各布森创立了渐进式放松训练，雅各布森被称之为西方放松技术的先驱。雅各布森指出，如果肌肉得到了放松，个体就不可能再产生精神紧张；如果骨骼肌得到了放松，"非自主性"肌肉和组织器官的紧张性也会得到降低，此时焦虑可因肌肉紧张程度的降低而消除。雅各布森在20世纪20年代开始用肌电仪监测病人的肌电活动，帮助病人进行放松训练。发展至20世纪60年代，很多项放松方法和生物反馈技术有机结合在一起，并由此形成了生物反馈放松训练方法，这显著增强了放松训练的实效性和科学性。渐进式放松训练的具体做法如下。

(1)准备姿势。与自生放松训练的准备姿势相同。

(2)放松练习。渐进式放松训练反复重申循序渐进的重要性，明确指出被试者在放松前先使肌肉收缩，在此基础上进行放松，从而在对比肌肉收缩和肌肉放松后具体感受的基础上深刻体会到放松感。放松训练对被试者提出的要求是自上而下，按顺序渐进地进行。

具体来说，被试者应找一个安静的场所，坐好，尽可能地使自己舒适，最大限度地让自己放松。首先握紧右手拳头，把右拳逐渐握紧，这样做时要体会紧张的感觉，继续握紧拳头，并体会右拳、右手和右臂的紧张感。然后，放松……让右手指放松，看看此时的感觉如何……现在，自己去试试全部放松一遍。……再来一遍，把右拳握起来……保持握紧，再次体会紧张感觉……然后，放松，把手指伸开，再次注意体会其中的不同。……现在，用左手重复这样做。

除此之外，被试者可用同样的方法放松左手与左臂，在此基础上接着放松面部、颈部、肩部和上背部，然后放松胸部、胃部和下背部，再放松臂、股和小腿，最后身体完全放松。

(四)放松技术的科学运用

通过练习熟练掌握放松技术后，运动员可将其灵活地运用于训练与竞赛实践中去。放松技术通常可在几种情况下使用：表象训练之前，如此能帮助运动员集中注意力，使生成的运动表象更为清晰、逼真、稳定；训练后或临睡前，如此有助于运动员消除疲劳，使身心得到充分放松；赛前过于紧张时，如此能帮助运动员减少能量消耗，使唤醒水平处于适宜状态。

在使用放松技术时，运动员要明确自己所要寻求的适宜唤醒水平或放松的目的。在对体力要求很高的赛事前，过于放松比过度唤醒或极度焦虑还要糟。为此，1996 年奥运会十项全能冠军丹·奥布莱恩指出，要想实现最佳发挥必须在赛前准备环节遵循两项原则，第一条原则是运动员一定要在最短时间内完成调动工作，然后又能够以最快速度平静下来；第二条原则是要想有最佳发挥应进行 90％的努力，并非是 100％或者 110％。

具体来说，第一条原则强调的是掌握放松和激活唤醒的策略，并将其迅速应用于实践的重要性。在为竞赛做准备的阶段，运动员要努力放松，储存能量。但另一个阶段，或许就是几分钟后，他就必须要激活唤醒，做最大的努力。第二条原则强调的是，不论进行何种运动，最佳发挥都不可能是在极度唤醒的情况下出现的。

二、表象训练

(一)表象训练的概念

表象训练是在暗示语的指导下，在头脑中反复想象某种运动动作或运动情境,从而提高运动技能和情绪控制能力的过程。表象训练是运动员最常使用的一种心理技术,是心理技能训练的核心环节。

(二)表象训练的作用

(1)有利于运动者学习和掌握复杂的技术动作,建立和巩固正确动作的动力定型。

(2)帮助运动者掌握和练习其他心理技能,如表象练习往往与放松训练、暗示训练等结合使用。

(3)表象在比赛中将采用的行为方案,可促使运动者增强自信心,形成良好的竞技状态。

(三)表象训练的原理

针对表现训练具备上述三项作用的原因,不同理论给出了各自的解释:心理神经肌肉理论认为,表象训练时,与此动作有关的肌肉会产生细微的神经支配活动,其活动模式与实际完成活动时完全一致,只是强度较弱,此外这种神经活动模式会存储在记忆中,并作为反馈调整以后的动作执行;符号学习理论认为,表象训练对动作执行的促进作用是因为它可以帮助动作执行者理解并形成动作图式的心理编码,进而从认知上为动作执行做好准备、制订计划。

(四)表象训练的步骤

1.测定表象能力

表象训练的第一步是借助测验科学评价运动者表象能力,常见的测验内容有表象的清晰性和控制性,表象中出现的视觉、听觉、运动觉以及相应情绪状态的清晰度或强度。

2.传授表象知识

表象训练中应向运动员介绍有关表象训练的知识,如运动表象的含义及特征，表象训练的作用及实施程序，视觉表象、动觉表象，表象的清晰性和控制性等。

3. 基础表象训练

基础表象训练分为多种形式，如训练感觉觉察的卧室与赛场练习、训练表象控制能力的比率变化练习、涂漆木方练习和上臂沉重感练习等。下面列举上臂沉重感练习、卧室练习和涂漆木方练习，它们可用于训练运动员的感觉觉察性、表象的清晰性和表象控制能力。

(1)上臂沉重感练习。表象你正用右手握着水桶的把手，当你完全把水桶拉到与肩处于同一水平位置时，仔细感觉一下水桶的重量。接着表象有一个人往你桶里倒入了 5 磅(1 磅约为 0.45 千克)重的沙子，你的上臂感觉到重量变化吗？再倒入 5 磅沙子，集中感觉桶又重了多少？你的上臂越来越感到疲劳，让你自己感觉桶的沉重，感觉到你的上臂越沉重……非常，非常重……集中于你上臂的沉重感觉。现在表象有人把你上臂的水桶拿开，你的手和上臂又恢复到了原来的感觉，让它们放回到原来的位置，并进行放松。

(2)卧室练习。运动者可以对自己少年时期的卧室情况进行回想。举例来说，你站在卧室门口向房间里看，你注意到了四周墙壁的颜色，注意到了地板的纹理与颜色，之后将注意转移到你的床上……上面铺着白绿相间的格子布床单，整齐的被子叠在床的一端，床头放着与床单配套的绿格子大枕头，很松软，枕头旁边有你喜欢看的杂志和言情小说。床边的桌子不很讲究，但有一盏实用的台灯在晚间照明，伴你读过很多书。床的一旁还有一把旧椅子，用来摆放平时换洗的衣服，大毛巾总是搭在椅背上，只要放学回来，它总是在那个位置上……之后将你的注意集中到你住在这间卧室时曾出现过的各种情绪上。

(3)涂漆木方练习。参与涂漆木方练习，运动员可以想象有一块四周涂了红漆的方木块，如同小孩玩的积木，一共包括六个面。

①用刀将它横切，一分为二，想一想，这时有了几个红面？几个木面？

②再用刀纵切，二分为四，这时有了几个红面？几个木面？

③再在右边两块中间纵切一刀，四分为六，这时有了几个红面？几个木面？

④再在左边两块中间纵切一刀，六分为八，这时有了几个红面？几个木面？

⑤再在上部四块中间横切一刀，八分为十二，这时有了几个红面？几个木面？

⑥再在下部四块中间横切一刀，十二分为十六，这时有了几个红面？几个木面？

运动者在完成练习的过程中，一定要记录从提问结束到做出正确回答之间的时间，以秒为记录时间的单位，并将此时间作为练习成绩。

4.结合运动训练与比赛进行表象练习

一些研究显示，运动员会在许多时间和情形下使用表象练习，如在训练的前、中、后，在家、学校或工作等场合，以及在比赛的前、中、后等。与此同时，运动员在训练之外进行表象练习的频次要高于在训练过程中；比赛前较比赛中、比赛后更多地进行表象练习。从整体来说，运动员在训练结束后以及比赛结束后参与表象练习的次数偏少，会对表象练习作用最大化产生影响，原因在于当训练或者比赛结束后，运动员对自身不久前进行的运动表现印象清晰，这种清晰的印象能改善训练和比赛后表象训练的实际效果。

运动员的表象练习一般从放松练习开始。先放松3分钟，再经过“活化”动员便可开始表象练习。因为表象的直观性特点没有感知觉显著，同时不存在实物的支持，所以大大增加了运动员将注意力长时间集中于表象上的难度，应合理控制表象训练的时长。

(五)实施表象训练的注意事项

1. 做好充足的心理准备

适宜的心理准备可以对表象的清晰性和控制性进行最有效的练习,为此,运动员进行表象训练时应力求做到:处于放松的注意状态,拥有渴望训练的动机,抱有正确的训练态度或期望,坚持持久系统的练习。

2. 练习过程中由视觉表象为主过渡到动觉表象为主

表象训练的开始阶段往往以视觉表象为主,随着训练的持续进行,应逐步过渡到以动觉表象为主,只有这样表象训练才能更好地发挥其作用。为做到这一点,开始训练时运动员应该注意感知完整的动作形象,想象示范动作,进而建立起清晰的视觉表象。同时,认真体会和把握肌肉运动的感觉,通过实际动作的练习,形成和完善运动动作的动觉表象。为了提高动觉表象的质量,可以像电影慢镜头那样缓慢地做动作,采用不同重量的器械进行练习,或分别完成整体动作的各个部分等。

3. 利用准确简练的语言提高表象训练的效果

就形成与完善运动表象的过程来说,务必要选择清晰简练的语言说明技术动作的要点,着重讲解完成技术时有关肌肉的运动感觉,保证运动员在深刻领会肌肉用力的时间、空间、力量特征的基础上高效记忆和掌握相关动作。

三、注意训练

(一)注意训练的概念

在执行运动任务的过程中,注意发挥着尤为重要的调控功能。运动者的注意集中能力至关重要，原因在于它是运动者全神贯注于某个确定目标，排除其他内在刺激干扰和外在刺激干扰而形成分心的能力。就注意训练来说，具体是指运动者运用多种方法提高注意的稳定性、抗干扰性或者注意集中程度的过程。

（二）注意训练的作用

对于参与任何比赛的运动者来说，要想获得预期的比赛成绩，就必须全身心地投入比赛，即在整场比赛中都能高度持久地集中精力，力求做到全神贯注、心无旁骛。只有达到这些要求，运动者才能将自身的身体潜能、技术潜能以及心理潜能充分调动出来，由此把自身已有的训练水平发挥出来。

对运动员而言，注意集中无疑是最重要的一种注意品质，然而，运动任务的完成尚需要其他方面的注意品质做保证。例如，在篮球比赛中，为组织战术配合，带球队员要从场上球员中搜寻传球对象，这体现了注意的选择性功能，同时他还要观察场上情况，进行战术决策，这体现了注意的分配性功能；作为足球守门员，在比赛中始终都要保持一定程度的警惕，以防对方球员突然起脚射门，这体现的是注意的警觉性。由此不难得出，注意训练不单单要关注运动者注意集中能力的提高幅度，也要有目的、有计划地培养运动者注意选择、注意分配、警觉性等注意品质。

（三）一般性的注意集中训练方法

1.纸板练习

（1）准备好两块方形纸板，一块黑色，边长约 38 厘米，一块白色，边长约 5 厘米。将白纸板贴在黑纸板中央，挂在墙上，纸板中心高度与眼睛并齐。保证室内光线充足，可以看清楚图案。

（2）运动者要使自身处于放松状态。

（3）闭眼两分钟，想象面前有一块温暖柔软的黑色屏幕，如同未打开的电视屏幕一样。睁开眼睛，注视图案中心三分钟，此时不要眨眼，也不必过分用力。

(4)缓慢把视线移开，注视空白墙壁。此时墙上会出现一个黑色方形虚像，注视它直到消失。

(5)虚像消失后，闭上眼睛，在头脑中想象那个图像，并尽量保持稳定。

(6)运动者重复完成上述练习步骤，坚持练习一周，每天坚持练习一次，每次练习时间控制在 15 分钟。

2. 五星练习

(1)准备一块黑色方形纸板，边长约 38 厘米。准备一个白色五角星，宽约 20 厘米。把白色五角星贴在黑色纸板中央，将纸板挂在墙上。距墙约 1 米处坐好，保持放松状态。

(2)闭上眼睛，在头脑中想象一个黑色屏幕。

(3)睁开眼睛，凝视五角星图案两分钟。

(4)把视线移到旁边的墙面，注视上面出现的五角星虚像。

(5)闭上眼睛，在头脑中再现五角星虚像。

除了以上五步以外，运动者可以在室外用自己的影子完成这项练习。具体来说，运动者站或坐在阳光下，使自己身旁产生影子，盯着影子的颈部看两分钟，然后看淡色的墙壁(如在室外则看天空)。注视影子的虚像，闭上眼睛，在脑海中重现图像。

3. 想象练习

运动者完成想象练习前，通常建议先完成一周以上的图案观察技术练习，在此基础上再参与想象练习。想象练习有助于运动者回忆过去曾经进入大脑的信息，回忆时应先紧闭双眼实施自我暗示，在此基础上完成记忆练习。想象练习的具体练习方法如下。

(1)找一个僻静的地方，将灯光调暗，脸朝上躺着。

(2)做一节放松或集中注意力练习。

(3)闭上眼睛，想象有一个温暖、柔软的黑色屏幕。

(4)想象在屏幕上出现一个白方块,边长约30厘米,距自己约30厘米远,努力使这个图像稳定。

(5)然后想象在屏幕上出现一个硬币大小的黑圆圈,集中注意力看这个白方块中的黑圆圈。

(6)突然整个图像消失,想象这时突然闪过脑海中的各种图像。

(四)结合运动训练的注意集中训练

为了使运动者在训练和比赛中始终保持注意力高度集中的状态,教练员可以尝试在训练活动中穿插注意练习,如此能增强训练的趣味性和实效性。

1.训练中的口令练习

训练时可以要求运动员按照口令的相反意思去完成动作。比如出操时,发“立正”口令,运动员要“稍息”;发“向左转”口令,运动员应“向右转”;发“立定”口令,运动员应为“齐步走”等。

与此同时,训练中也可采用十分微弱的、勉强可让运动员听清的声音发出指令,让运动员执行,旨在要求他们保持注意力的高度集中。练习持续时间一般不超过3分钟。

除此之外,操练中可规定带“快”字的口令为无效口令,不带“快”字的口令为有效口令,规定对无效口令进行反应者和成绩最差者罚做两个引体向上。

2.专项性的注意练习

在开展一般性注意技能训练的同时,还应考虑专项训练对运动员注意特征的要求、运动员个体的注意特征,以及比赛环境、程序方面的特点,进而开展更加切合比赛和训练需要的注意技能训练。

举例来说,注意集中能力对射箭运动员就相当重要。射箭运动员要想减少比赛中外部事件的干扰,建议其凭借适应性脱敏训练和制订个人比赛行为程序来顺利克服。有的运动员为防止比赛时受到拍照或摄像的干扰，在平时训练中有意让人对其进行近距离的拍摄，使其对此类事件产生心理上的适应。为了防止比赛中受到某些赛场环境因素的影响，有的运动员自行设计了一个解决办法，就是训练中每射完一支箭，都将视线指向正前方场地上两米远的某一点，想象一下动作，之后再开始发射下一支箭，由此避免发射后因无意间观察到场上情况而可能带来的干扰。

四、模拟训练

（一）模拟训练的概念

模拟训练是针对比赛中可能出现的情况或问题进行模拟实战的反复练习的过程，目的是使运动员适应各种比赛条件，保证技战术在变化的情境中也能得到正常发挥。

（二）模拟训练的类型

模拟训练分为实景模拟和语言图像模拟两种。实景模拟是通过设置比赛的情景和条件对运动员进行训练，包括模拟对手的技术、战术，模拟比赛的天气、场地，模拟观众行为或裁判的误判等。语言图像模拟是利用语言或图像描述比赛的情景，想象比赛时可能出现的各种问题和自己的策略，以使运动员对比赛情景形成先期适应。

（三）模拟训练的作用

模拟训练可提高运动员对比赛应激情境的适应性。如果不进行模拟训练，运动员对于意外情况的出现就缺少必要的心理及行为准备，面对意外事件就可能出现比赛程序被打乱、技术动作流畅性受破坏的局面，致使应有的技战术水平得不到充分发挥，甚至发挥失常。

第五章　常见运动健康促进的手段与方法指导

以运动时能量供应特点为依据，可将人体运动分为有氧代谢运动、无氧代谢运动、有氧与无氧混合代谢运动等几种形式。不同形式的运动对人体健康有不同的影响，有氧运动锻炼可促进人体心肺功能的增强和改善，预防骨质疏松和糖尿病，且具有减肥的功效；无氧运动锻炼可促进人体肌肉力量的增强和身体抵抗力的提高，同时也具有健身塑形的作用；而有氧与无氧混合代谢运动兼具有氧运动和无氧运动的健康促进作用。本章主要研究这三种运动形式的健身锻炼方法，以为大众健身锻炼提供指导，促进大众健康水平的提高。

第一节　有氧运动健身

有氧运动指的是人体在氧气充分供应的情况下进行的体育锻炼。也就是人体在运动过程中吸入的氧气量与机体对氧气的需求量相等，生理上达到一种平衡状态。有氧运动的特点是强度低、有节奏、持续时间较长。要求每次至少锻炼 1 小时，每周坚持 3～5 次锻炼。通过有氧运动锻炼，能充分酵解体内的糖分，消耗体内脂肪，促进心肺功能的增强和改善，达到预防骨质疏松、调节心理状态等效果。有氧运动是人们健身锻炼的主要运动方式，主要包括健身走、健身跑、游泳、自行车、太极拳、健身操等项目。本节主要选取健身走、健身跑、自行车等健身项目进行分析。

一、健身走健身方法指导

健身走指的是以促进身体健康为目的的走。健身走锻炼能够增强运动素质、增加骨质强度、增强心脏功能、促进智力开发等，总之对人的身心健康非常有益。

健身走的方法有很多，主要包括散步、踏步走、快步走、倒步走等，具体分析如下。

（一）散步

散步是一种悠闲轻松的健身走形式。要通过散步达到良好的锻炼效果，就是必须保证散步时身体姿势的准确与规范，即放松、自然、脚放平、柔和着地、抬头挺胸、收腹收臀、保持与脊柱成一直线，两肩放松，两臂自然下垂与两腿迈步相协调，动作自然，前后摆动，两腿交替屈膝前摆，足跟着地滚动至脚尖时，另一腿屈膝前摆足着地，步幅因人而异（图 5-1）。

图 5-1 散步

散步锻炼方法主要有普通散步法、摆臂散步法、快速行走法、摩腹散步法和臂后背向散步法。

（1）普通散步法速度为 60～90 步/分钟，每次走 20～40 分钟。

（2）摆臂散步法行步时两臂前后较大幅度地摆动。行走速度为 60～90 步/分钟。

（3）快速行走法速度为 90～120 步/分钟，每次走 30～60

分钟。

(4)摩腹散步法是传统的中医养生法,行走时两手旋转按摩腹部,速度为30～60步/分钟,每走一步按摩一周。

(5)臂后背向散步指的是行走时把两手背放在腰部,缓步背向行走50步,然后再向前走100步。这样一退一进反复行走5～10次。

散步既有利于身体的锻炼,也有利于紧张心理的缓解和不良情绪的改善,主要适宜于中老年人和体弱多病者,以及关节炎、心脏病和糖尿病患者。

(二)踏步走

踏步走是在原地走或稍有向前移动的特殊走法。踏步走时,要求身体直立,两臂自然下垂或屈臂,两腿交换屈膝抬腿或前脚掌落地,两臂协同两腿前后直臂或摆动,屈膝抬腿至髋高达到抬腿最高点,直腿或膝落地均可,落地要轻缓、平稳。

踏步走时注意以下几点事项。

(1)两腿交换频率因人而异,一般来说,以每腿35～45次/分钟为宜。健身者也可以根据自身的身体素质情况不断提高抬腿高度与两腿交换频率。

(2)脚落地时最好前脚掌先着地,然后滚动到全脚着地,注意脚的缓冲,身体重量落在前脚掌上。

(3)建议每天早晚都进行原地踏步走锻炼,锻炼中可创编新的组合踏步法,如踏步4拍一转体、按音乐节拍踏步、闭眼原地踏步、有氧台阶踏步、有氧踏板等。

(4)踏步时用脉搏控制运动负荷,健康成人1分钟踏步走脉搏最高可达180次/分钟;一般健身者1分钟踏步走脉搏达到120～150次/分钟即可达到健身的最佳效果;身体不适者1分钟原地踏步走脉搏最高控制在120次/分钟以下。

(5)变速原地高抬腿踏步走可达到减肥的目的。

踏步走锻炼方式没有任何限制,适合于各种人群。通过锻炼，可提高下肢、腰腹部肌肉力量和内脏器官系统的机能。

(三)倒步走

倒步走即向后行走，倒退行走时，两腿交替向后移动，可增强大腿后肌群和腰背部肌群力量，同时还能促进小脑保健，有利于提高人体的灵活性、协调性。倒步走可使人精力集中，心理趋于安定，使神经的自律性不断增强，使神经系统和肌肉组织得到比正常运动更全面的锻炼。倒步走适合各种年龄的肥胖者，也适用于腰部损伤、慢性腰部疾病的康复训练，同时还可防治脑萎缩。

倒步走可分为叉腰式和摆臂式两种形式。

1. 摆臂式倒步走(图 5-2)

上体正直，腰放松，眼平视。右腿支撑，左腿屈膝后摆下落，以左前脚掌先着地，然后滚动到全脚掌着地，身体重心随之移至左腿，按同样方法左右脚交替后退，两臂配合两腿动作自然前后摆动。步幅以 1～2 脚长为宜。

图 5-2　摆臂式倒步走

2. 叉腰式倒步走

行走时双手叉腰，拇指在后按“肾俞”穴(位于第 2 腰椎两侧，离开脊柱 2 横指宽处，上下位置与脐相平)，四指在前，腿部动作同摆臂式。每后退一步，用两手拇指按摩“肾俞”穴一次，缓步倒退行走 100 步，然后再正向前走 100 步。一背一正反复走 5～10

次，可以起到补肾壮腰的作用。

（四）快步走

快步走是一种步幅适中或稍大、步频较快、步速较快（130～250米/分钟）、运动负荷稍大的健身锻炼方法。快步走时，身体适度前倾3°～5°，抬头、垂肩、挺胸、收腹收臀。在行走过程中，两臂配合双腿协同摆动，前摆时肘部呈90°，手臂高度不高于胸，后摆时肘部呈90°，两手臂在体侧自然摆动，两臂摆幅随步幅的变化而变化。双腿交换频率加快，步幅尽量稳定，前摆腿的脚跟着地后迅速滚动至前脚掌，动作要柔和，后脚离地（图5-3）。

图5-3 快步走

快步走时注意以下几点要求。

（1）两脚以脚的内侧为准踩成一条直线。骨盆稍向前后左右转动，但不宜过大。

（2）步速要均匀，也可采用变速的方式快步走。以每分钟100～120步的速度快速走，或每小时走约5千米；以每分钟100米急速步行，或每小时行进6.5千米，每次30～60分钟。

（3）步幅不要过分加大，主要加快步频练习。

（4）脉搏控制在120～150次/分钟，为跑步锻炼打好基础。

快步走法适用于中老年人和慢性关节炎、胃肠病、高血压病恢复期患者。

二、健身跑健身方法指导

健身跑是一种以增进身体健康为主要目的的跑步活动。健身跑具有强身健体的功能，健身者要个人情况选择跑速与跑距，这样才能取得良好的健身效果。

健身跑的常见形式有以下几种。

（一）原地跑

原地跑是一种比较适合在室内开展的健身跑形式，这一健身形式的适应性比较广泛，基本上不同健身群体都能参与。

健身者可从自己的需要和情况出发来调整原地跑时间，可通过逐渐增加跑速来提高运动强度，这样锻炼效果也会逐步提高。参与这种方式的健身跑可配点音乐，有助于激发健身的兴趣与热情。

（二）慢速跑

慢跑时，健身者需根据自己的情况合理选择跑距（一般为 2 500～3 000 米），匀速跑完，每次锻炼半小时，一天一次或两天一次均可。

刚开始进行慢速跑锻炼时，跑速一般为 90～100 步/分钟；逐渐熟练且能力逐渐提高后，适当增加到 110～130 步/分钟，不管在哪个阶段，都要注意匀速。

不同年龄的健身者跑同一距离，跑速不同，下面以慢跑 1 000 米为例来说明，见表 5-1。

表 5-1　慢跑 1 000 米的速度指标

年龄（岁）	跑速指标（分钟）
8—12	8～9
13—29	7～8
30—49	8～9
≥50	10～15

(三)跑楼梯

楼梯跑这种健身跑方式非常普遍,这是增强心肺功能、改善新陈代谢、预防骨质疏松的重要健身手段。在健身过程中,注意连续不断地进行腰背、颈部和肢体的活动,肌肉的收缩运动要有节奏,注意适当放松。

三、自行车健身方法指导

自行车运动有公路自行车运动、山地自行车运动、场地自行车运动等几种类型,不同的类型有不同的健身功效,这里主要分析山地自行车运动健身。山地自行车在预防高血压、克服心脏功能毛病、减肥健美、降低乳腺癌发病概率等方面具有重要的健身作用,因此受到了广泛健身群体的喜爱。

山地自行车健身技术一般包括以下几项。

(一)热身

骑车前先做一些热身运动,充分伸展肌肉和关节,从而避免在骑行中受伤。在热身准备中,先伸展主要肌肉,慢慢骑行一段时间,然后再逐渐加大骑行速度,随之增大运动强度。骑车结束以后,恰恰相反,要从高强度运动慢慢转向低强度运动,以促进机体的恢复。

(二)身体姿势

骑车时,上体较低,头部稍倾斜并向前伸;自然屈臂,便于腰部弓曲,降低身体重心,同时防止由于车子颠簸而产生的冲击力传到全身;双手轻而有力地握把,臀部在鞍座上坐稳。

在比较平坦的地面上骑行时,落在后轮上和前轮上的身体重量分别是60%和40%。只有这样,在遇到斜坡时,才能灵活骑行，避免自行车后翻；而且在下坡时又可以避免自行车前翻。

下坡时，身体重心始终靠后。如果坡度允许，身体重心置于鞍座上。上坡时，重心在鞍座后。同时，上半身放低，趴在车把上，从而将车位固定好。

（三）手的姿势

健身者可以自己决定手握车把的姿势，不管是哪种握把姿势，都要轻轻地握，稍屈肘，放松肩部，后背伸直。不要将车把抓得太紧，否则会造成上肢疲劳。而且以适当的力度抓握车把也是为了避免因上半身紧张而使车子失去控制。骑车过程中，拇指和其他几个手指分开成空拳状握住车把。

（四）踏蹬

在山地自行车运动中，脚蹬是最关键的动作环节，良好的踏蹬技术可使健身者以最小的能量消耗得到尽可能大的功率，从而提高速度。健身者应掌握好踏蹬技巧，从而最大限度地传送能量。

骑行时，脚掌平稳地踏在脚蹬上，将脚蹬控制在脚掌中部和脚趾之间，脚掌的纵向与脚蹬轴保持垂直。鞋的前端可伸出脚蹬3～6厘米。

踏蹬动作是周期性运动，即在一个固定范围内，以中轴为圆心，以曲柄为半径重复运动。为了连续、平稳地把能量传送到动力传动系统，健身者应掌握连贯踩动脚蹬做环形运动的技巧，不可上下猛踩脚蹬。

山地自行车运动的踏蹬方法有以下几种。

1. 自由式踏蹬方法

自由式踏蹬方法的难度比较大，一般运动员多采用这种方法。这种方法的踏蹬中，脚旋转一周时，根据部位不同，踝关节角度发生变化。自由式踏蹬符合力学原理，用力方向与脚蹬旋转时所形成的圆周切线相一致，膝关节和大腿动作幅度较小，踏蹬频率较快，能够自然地通过临界区，减少死点，大腿肌肉也比较放松。

2. 脚跟朝下式踏蹬法

脚尖稍向上，脚跟向下 8°～15°角。健身者在正常骑行中一般很少使用这种踏蹬法，做过渡性调剂用力时，也只有少数人会使用该方法。这种踏蹬方法的特点是肌肉在短时间内改变用力状态，得到短暂休息，从而消除肌肉疲劳。

3. 脚尖朝下踏蹬法

脚尖朝下踏蹬时，脚尖始终向下，踝关节活动范围较小，有利于提高频率，但腿部肌肉比较紧张，不利于从临界区顺利通过。

(五)变速

有些骑行者在自行车运动中往往会因为出力不均而感到疲劳，设计变速装置是为了使骑行更省力、更舒适，预防疲劳。上下坡时、在凹凸不平路面上骑行时、逆风骑行时以及疲劳时均可采用变速装置。

(六)刹车

刹车提供了非常好的制动力。一般来讲，前闸的刹车效果比后闸好。但是，根据地形和车闸刹车效果的不同，两个车闸应该谨慎使用。在短而急的斜坡上向下骑行，或者在土质疏松的地面上转弯时，健身者在没有把握的情况下尽量不要使用前闸。

在长距离的下坡途中，如果一直按住车闸不放，会使车圈和闸皮升温，对刹车效果造成影响。在到达斜坡底端之前，车闸要时紧时松，保证闸皮的刹车功能顺利发挥，从而更好地控制自行车。

使用前刹时，身体重心会自然前移，这时健身者要有意识地向后移重心，从而将更多的刹车力量动用起来。

第二节 无氧运动健身

无氧运动指的是肌肉在“缺氧”的状态下所进行的高速剧烈的运动。无氧运动的负荷强度高、瞬间性强，难以持续较长的时间，而且运动后需要较长时间才能完全消除疲劳。无氧运动最大的特点是运动时氧气的摄取量非常低。因为速度快、爆发力猛，体内的糖分来不及经过氧气分解，所以不得不依靠“无氧供能”。在无氧运动锻炼中，体内会产生过多乳酸，容易出现呼吸急促、肌肉疲劳等现象，而且运动后肌肉酸痛感明显。通过无氧运动锻炼，能够促进肌肉力量的增强和肌肉维度的增加，提高身体抵抗力，使身体更强壮。常见的无氧运动项目有短跑、跳高、跳远、投掷、潜水、举重、拔河、肌力训练等。本节主要选取跳跃类、潜水等健身项目进行分析。

一、跳跃类健身方法指导

(一)跳高健身技术

下面主要以常见的背越式跳高为例进行分析。

1. 助跑

背越式跳高中，助跑前段一般为直线，后段为弧线(跑四步)(图 5-4)，弧线末段与横杆之间形成 20°～35°的夹角(图 5-5)。

2. 助跑与起跳结合

背越式跳高中，应将助跑与起跳紧密衔接起来，主要包括以下两个关键技术要点。

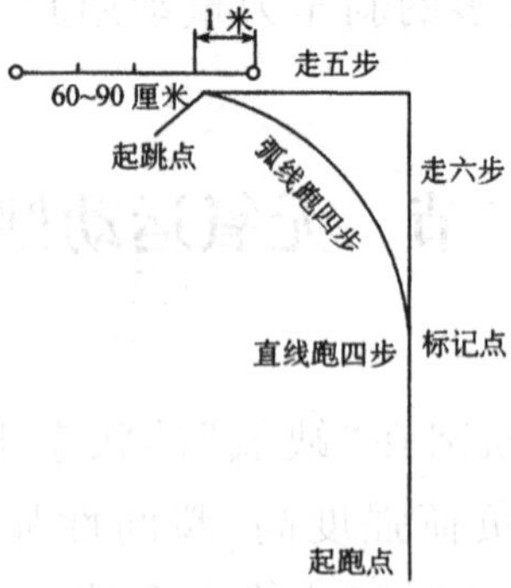

图 5-4　背越式跳高助跑线路

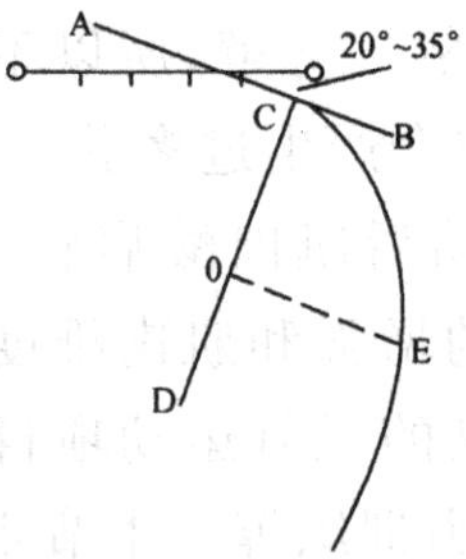

图 5-5　助跑线路末段角度

(1)依靠摆动腿的牢固支撑,使身体在倾斜状态下起跳,要避免身体与横杆的过早碰触。

(2)积极蹬伸摆动腿,快速并大幅度向前移动身体重心,避免臀部下坐和摆动腿支撑无力的现象出现。

3. 起跳

起跳脚顺弧线的切线方向踏上起跳点,以脚跟领先着地并顺势转换到全脚掌。同时两臂与摆动腿积极上提,重心迅速跟上,上体积极前移,使起跳腿缓冲。此时,身体与地面保持垂直。当身体重心移至起跳点上方时,起跳腿迅速而有力地蹬伸,完成起跳动作,在做起跳动作时应注意起跳腿充分蹬伸、提肩、提髋(图5-6)。

图 5-6 起跳

4. 过杆与落坑

由于起跳时摆动腿屈膝向异侧肩前上方的积极摆动，使身体处于背向横杆的腾越姿势。当肩向上腾越，超过横杆时，两肩迅速后倒，充分展髋、小腿放松，膝部自然弯曲，整个身体呈反弓形。待髋部超越横杆后，收腹含胸，以髋发力带动大腿向上，并且小腿甩动使整个身体超离横杆，自然下落以肩背领先落垫(图 5-7)。

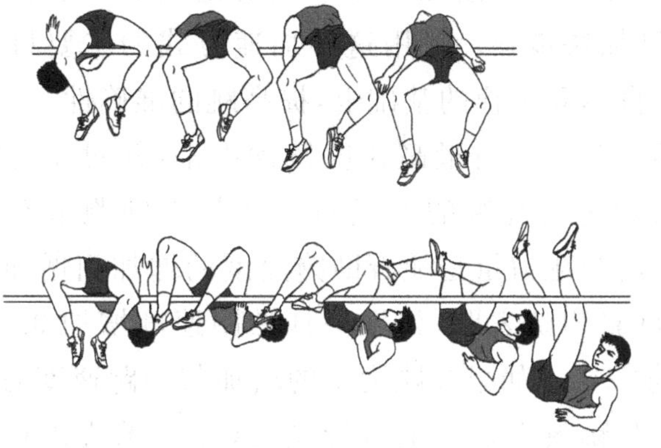

图 5-7　过杆与落坑

(二)跳远健身技术

跳远由助跑、起跳、腾空和落地几个技术环节组成，这些环节构成了不可分割的统一体。

1.助跑

(1)助跑的起动姿势。助跑的起动姿势对助跑的准确性和稳定性有直接影响。常见的有以下两种助跑姿势。

第一种是在静止状态下助跑,要求两腿稍微弯曲、两脚保持平行,做“半蹲式”动作,也可以两腿前后分开站立,做“站立式”动作。

另一种是走跳相结合,找到第一个标志。

第一种方法,对提高助跑的准确性有很好的帮助。第二种方法,虽然动作相对放松,但是准确找到标志的难度较高,要求能准确地踏板。

(2)助跑的加速方式。助跑的加速方式有以下两种。

①积极加速。在助跑的开始阶段就积极加速,并始终保持较高的步频,采用这种加速方式的主要目的是快速脱离静止状态,尽可能获得最高的助跑速度。

②逐渐加速。逐渐加速方式主要是从加大步长和保持步长逐步过渡到加快步频。采用这种加速方式的主要目的是在保证动作轻松、自然和平稳的基础上,提高跳的准确性。

(3)助跑节奏。将最高速度发挥出来,并对速度进行合理利用,从而高效进入起跳的方式与方法就是助跑节奏。跳远健身中,健身者的起跳力量是随着助跑速度的增加而增加的。原苏联波波夫的试验测试表明,如果每秒助跑速度增加 0.2 米,起跳力量就要增加 2%。如果起跳力量的增加与助跑速度的要求不能适应,就会对起跳效果造成消极影响,这样就无法达到一定的腾起角度,跳远成绩就很难提高。助跑速度的利用率是指健身者在助跑过程中对自身最高速度的使用水平,可用助跑速度与平跑中的最高速度比值来表示。跳远水平越高,助跑速度的利用率也越高。

(4)最后几步的助跑技术。跳远运动的整个助跑过程中,最重要的就是最后几步的助跑。在这一阶段,不但要求健身者保持一定的速度，还且还要求其准备好起跳。这一个技术环节与其他环节相比较为复杂，也有一定的难度，因此不同健身者的健身水平集中体现在这一环节上。

最后6～8步的助跑技术，主要有以下两种技术特征。

①最后几步中每步的长度要缩短，频率要加快，形成快节奏的助跑起跳技术。

②保持步长的相对稳定，每步之间的频率要加快，形成快速上板的助跑技术特征。

(5)助跑标志的设定。对助跑标志的正确设置，主要是为了使步长稳定，促进良好助跑节奏的形成，而不是将此作为助跑时对步长进行调整的标志。如果将助跑标志作为调整步长的依据，就会影响助跑速度的充分发挥，造成助跑节奏的紊乱，从而影响跳远效果。

对初学者而言，利用助跑中的标志来锻炼助跑速度、节奏和准确性是有好处的。而对水平较高的健身者，最好不用标志，因为设置标志会分散注意力，从而影响水平速度的发挥。健身者不应为了适应助跑标志而破坏自己快速助跑的节奏，这样就失去了设立标志的意义。

2.起跳技术

起跳是所有跳跃项目中最重要的一个部分。助跑与起跳的结合，起跳腿的蹬伸与摆动腿的摆动，两腿之间的蹬摆配合，又是跳远起跳技术的关键。整个动作过程，就是要把助跑时所获得的水平速度，转换成必要的腾空速度，将身体抛向空中，获得较长的运动距离。起跳是一个快速、完整的技术动作，大致分为以下三个技术阶段。

(1)起跳脚上板起跳。助跑最后一步，摆动腿同侧脚着地后，起跳脚准备上板，这时由于速度很快，下肢的运动速度略比躯干快些，因此要保持上体正直或稍有后仰。两臂摆动于体侧，起跳脚全脚掌着地，摆动腿屈腿前摆。

踏板刹那，起跳腿是前伸的，与地面形成约65°～70°的夹角，起跳脚与身体重心投影点之间保持一定距离，大约30～40厘米，身体重心在支撑点的后面。这种势态形成了一定的“制动”，便于使身体向腾空状态转换，也便于使水平速度向垂直速度转换。需要注意的是，如果起跳脚前伸过大，身体重心距起跳脚支撑点过远，就会影响起跳效果。

(2)起跳腿的支撑缓冲。在踏到踏板后，身体会随着惯性的力量和重力作用，迫使起跳腿的髋、膝、踝关节被动弯曲。起跳脚用全脚掌支撑既可保持身体的平衡和稳定，又可以抗御这种压力。此时，整个身体前倾，摆动腿也受向前运动的惯性影响，大小腿折叠后向起跳腿靠拢，这种姿势主要是为最后起跳、蹬摆做准备。

(3)起跳的蹬摆配合。起跳腿在踏上起跳板的瞬间，身体始终是随惯性向前运动的。当身体重心移到起跳脚支撑点上方时，起跳腿应及时蹬伸，充分伸展髋、膝、踝三关节，与此同时摆动腿以膝领先，屈腿向前上方摆动，摆到大腿呈水平部位，两臂配合两腿在体侧摆动，躯干伸展，头向前上方顶出，完成起跳的蹬、摆配合动作，这时起跳腿与地面呈70°～80°夹角。在完成蹬摆配合的起跳动作时，四肢的协调配合对身体获得适宜的腾起高度、维持身体平衡以及加快起跳速度起着重要的决定性作用。

起跳腿充分蹬伸后，还有一个全身的制动动作，是在摆动腿摆到大腿水平部位和两臂摆动时的突然停顿中完成的。这一制动，对身体向上腾起、维持全身平衡、防止身体翻转具有重要作用。

3.腾空技术

跳远技术发展至今，主要有三种腾空姿势，即蹲踞式、走步式和挺身式。这几种姿势各有特点。

(1)蹲踞式。蹲踞式腾空技术，要求保持腾空步的时间较长一些。腾空步后，起跳腿积极靠拢摆动腿，同时两腿上举，使膝接近胸部。此时，注意躯干不要过于靠前，在距落地点半米处时，双腿接近于伸直状态，两臂自然下滑，这有助于小腿积极前送和增加落地稳定性。

蹲踞式腾空技术也有缺点，如起跳后向前旋转的力矩较大，由于屈腿动作和上体前倾，使下肢靠近身体重心，导致旋转半径减小，增加了角速度和旋转力矩，再加上受到前旋转力的影响，会提前落地。因此，"蹲踞式"跳远时，要特别强调上体与头部保持正直，以维持身体平衡(图 5-8)。

图 5-8　蹲踞式腾空

(2)走步式。腾空后，在空中完成走步式的技术动作，就是走步式跳远。这种技术是最难的一种，当起跳动作结束后，身体呈现"腾空步"，前方的摆动腿要以髋为轴，大腿带动小腿积极向下、向后方摆动，同时处在身体后方的起跳腿则以髋关节为轴，大腿向上摆动，屈膝带动小腿前伸，以完成两腿在空中的互换动作。两臂要配合两腿协调摆动，以维持身体平衡。空中完成交换步后，摆动腿仍需要从体后屈膝前摆，靠近体前的起跳腿，并在空中走半步。在空中的这一过程需要两腿走两步半(图 5-9)。

图 5-9　走步式腾空

(3)挺身式。挺身式腾空技术的特点是，在腾空时身体比较舒展。起跳腾空后，仍要保持腾空姿势，此时注意摆动腿和大腿不要抬太高，摆动腿小腿随之向前、向下、向后呈弧形划动，两臂也随之向下、向后再向前大幅度划动；与此同时，起跳腿屈膝与摆动腿靠拢，展髋、挺胸、挺腰，整个身体展开，保持充分的挺身姿势。当身体即将落地时，两臂向后摆动，躯干前倾，两腿迅速收腹举腿，小腿前伸，准备落地。这种挺身式的空中技术能使身体充分伸展，因此，要经常训练身体的协调性和平衡能力（图 5-10）。

图 5-10　挺身式腾空

4. 落地技术

正确的落地技术不仅有利于健身效果的提高，而且可以防止受伤。在完成腾空动作后，大腿尽可能靠近胸部，小腿自然向前伸，同时两臂后摆。当脚跟接触沙面后，应迅速屈膝缓冲，同时两臂由体后向前摆，并借助惯性向前方或侧方倒下，避免坐入沙坑。

（三）健身跳锻炼方法

健身跳对于人体运动器官和神经系统的良好发育有积极的影响，同时，还能有效促进身高增长，提高心理素质水平，培养良好的意志品质和个性心理。健身跳具体有以下几种方法。

1. 高度跳健身

(1)原地单足换腿跳。左(或右)腿蹬伸跳起,右(或左)腿向上摆动,跳起时摆动腿下放与蹬地腿配合人体向上伸展,接着起跳腿落地,摆动腿上步换腿后继续蹬伸跳起。

(2)原地蹲跳起。原地全蹲或半蹲,两臂后摆,两腿迅速用力向上蹬伸,两臂向上摆动,使人体尽可能获得最高的腾空高度。

(3)团身收腹跳。原地半蹲跳起,两腿并拢,屈膝团身大腿尽量触及胸部,两臂协调配合摆动。

2. 远度跳健身

(1)立定跳远。两脚开立,协调预摆几次,两臂、两腿用力蹬伸,然后收腹举腿前伸落地。

(2)原地两级蛙跳。两脚原地开立,协调预摆,两臂及两腿用力蹬伸摆动,收腹举腿前伸落地,接着继续蹬伸配合进行第二次跳跃。

(3)立定跳远后坐入沙坑

基本要领同立定跳远,只是两脚落地时,尽量使两腿触胸后两脚远伸,臀部坐入沙坑。

(4)蹲起挺身跳。两腿半蹲,两臂用力向前上摆起,同时两腿用力蹬伸跳起,在空中挺胸展胯,然后收腹举腿落地。

3. 障碍跳健身

(1)原地弓步并腿跳跃过障碍。在距离障碍 80 厘米处弓步站立,障碍高 30 厘米左右。两臂向前上方摆起,支撑腿用力蹬伸向前上方跳起,两腿并拢、收腹越过障碍后落地。

(2)跳深。跳箱高 60～100 厘米,栏架高 80～100 厘米,栏架距跳箱 2 米左右。站在跳箱上两腿并拢跳下,接着继续跳起越过栏架。

4. 游戏跳健身

(1)连续双脚跳台阶。台阶高 30～50 厘米,双腿跳起,蹬踏在台阶上，然后向后跳下，连续练习。

（2）连续单腿跳过实心球。实心球间隔 2 米，设置 15 个左右，单腿连续向前快速跳过实心球。

二、潜水健身方法指导

潜水是一种在水面以下进行的健身、观赏、体验活动，具有锻炼身体、休闲娱乐的功能，是当前年轻人十分崇尚的一项户外休闲健身运动。下面分析潜水的主要健身技术。

（一）入水技能

潜水的入水姿势主要有以下四种。

1. 正面直立跳水

双脚前后开立，一手按住面罩，一手按空气筒背带。水深在 1.5 米以上时可采用这一入水姿势。

2. 正面坐姿入水

双手撑住一侧平台，稍用力支撑身体，然后旋转身体进入水中。初学潜水的人适合采用这一入水姿势。

3. 侧身入水

在橡皮艇上俯卧滚身入水。

4. 背向坐姿入水

面向船内坐于船帮上，一手按住咬嘴及面镜，另一手抓住气瓶或按住后脑处的面镜带，向后仰面入水。

（二）潜降技能

潜水者一般喜欢采取 BC（浮力调解器）法来参与潜水运动，

浮力调节器在潜水运动中可用可不用，如果要使用，需与配重带配套使用，潜降时应头上脚下。如果不使用，潜降时头下脚上。

(三)上升技能

上升时，要注意对速度的控制，每分钟的上升速度最好小于18米，呼出气泡的上升速度一般应比身体上升的速度快。潜水者在上升过程中应连续不断地呼吸，不要憋气，同时注意在转体时速度一定要慢，不可急着转身。

(四)潜水手语

潜水手语是潜水者，特别是潜水初学者应重点掌握的一项基本潜水技能，只有将这项技能熟练掌握，并能够准确运用，潜水者与同伴才能在水下正常交流。

潜水运动的常见手势如图 5-11 所示。

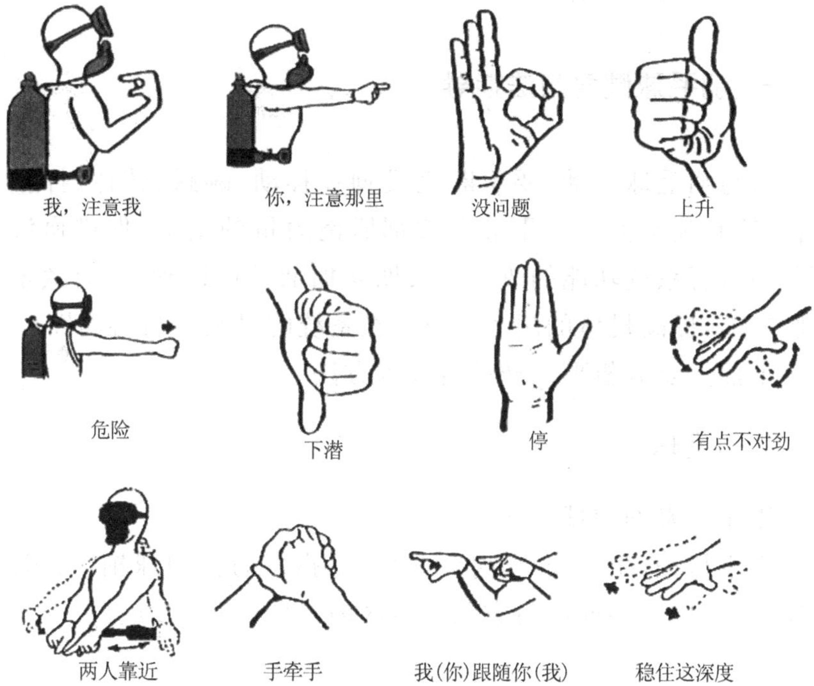

图 5-11 潜水手语

下面分析几种常用手势。

(1)情况良好:OK。

(2)注意(物体)方向:食指指示方向。

(3)上浮:右手握拳,拇指向上。

(4)下潜:右手握拳,拇指向下。

第三节 有氧与无氧混合代谢运动健身

有氧与无氧混合代谢运动就是有氧无氧代谢供能交替条件下持续的运动。从医学角度看,混合代谢运动是比较好的运动锻炼方式,有快也有慢,有急有缓,有氧无氧交错,对增强体质、提高身体的适应能力有更好的效果。常见的混合代谢运动项目有球类运动、摔跤、柔道等。本节主要选取羽毛球、足球、篮球等常见球类运动项目进行分析。

一、羽毛球健身方法指导

参与羽毛球运动,要不断完成脚步移动、跳跃、转体、挥拍等动作,这有利于促进上下肢和腰部肌肉力量的增加,促进血液循环及心血管系统功能的改善。长期参加羽毛球运动,可有效增强心脏功能,提高机体的耐久力及神经系统的灵敏性与协调性。

下面主要分析羽毛球健身技术方法。

(一)发球

以正手发网前球为例。

右手持拍,手放松,前臂向前摆,手指发力控制球拍,击球时,手腕发力,用斜拍面向对方前发球区内击球(图 5-12)。

图 5-12 发球

(二)接发球

以前场正手接发球为例。

1. 接发球勾对角小球

手腕内旋,拇指、食指发力转动拍柄击球,使球落在对方网前斜对角。

2. 接发球挑球

击球点低一些,用与地面呈钝角的拍面仰角,前臂内旋,拇指、食指发力将拍柄握紧,手腕伸展奋力击球。

(三)网前击球

以网前正手推球为例。

根据判断及时向目标方位移动,右手平举球拍。准备推球时,前臂外旋,拍面与来球相对。正式推球时,将拍面后移,闪腕,握紧拍柄快速击球(图 5-13)。

1 2 3 4 5

图 5-13　网前击球

(四)中场击球

以中场正手平抽球为例。

根据判断及时向目标方位移动,与球网侧对,上体向右侧稍倾,右脚支撑体重,击球时,手腕在前臂的带动下抽压,抖动挥球拍(图 5-14)。

1 2 3 4

图 5-14　中场击球

(五)后场击球

以后场正手吊球为例。

拍面稍内斜,手腕切削下压,将球托后部和侧后部作为击球点。如果是吊斜线球，以球托右侧作为切削点；如果是吊直线球，拍面与前方正对，以向下切削为主(图 5-15)。

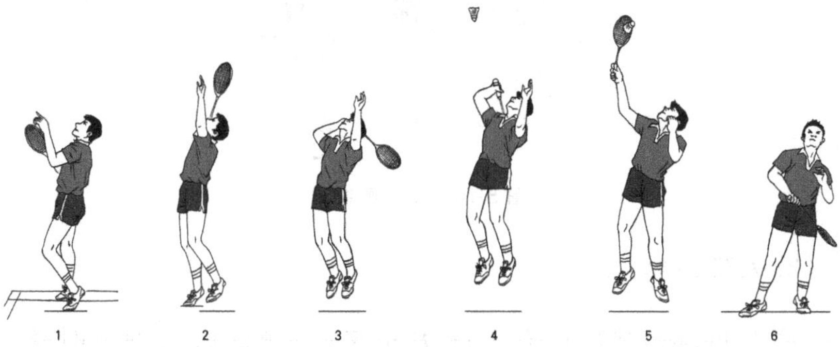

图 5-15　后场击球

二、足球健身方法指导

参加足球运动，不仅能有效提高人体各器官系统的功能，促进人体各项身体素质的全面发展和提高，还有助于培养顽强拼搏的精神和机智果断、思维清晰、反应敏锐的逻辑思维能力。这对于人的全面健康发展具有重要意义。

下面主要分析足球健身技术方法。

(一)传球

传球动作要快速完成，要善于对球场情况及同伴位置进行观察，从而根据自己所得信息和判断来灵活传球，注意隐藏传球意图，避免被发现。

(二)接球

1. 脚内侧接球

以脚内侧接空中球为例。

脚尖上翘，使脚内侧与球接触，触球后下压球，使球落在右脚前，为接下来的运球做准备(图 5-16)。

图 5-16 脚内侧接球

2. 大腿接球

屈右膝，抬右腿，用右大腿去碰来球，触球后右脚及时落地，膝盖伸直(图 5-17)。

图 5-17 大腿接球

3. 脚背正面接球

左脚支撑重心，右脚接球，接球时，右脚上抬，用脚背去碰球，触球后迅速收腿(图 5-18)。

图 5-18 脚背正面接球

4. 胸部接球

(1)挺胸接球。与来球相对,上体向后仰,用胸部触球,然后挺胸抬后脚,将球控制好(图 5-19)。

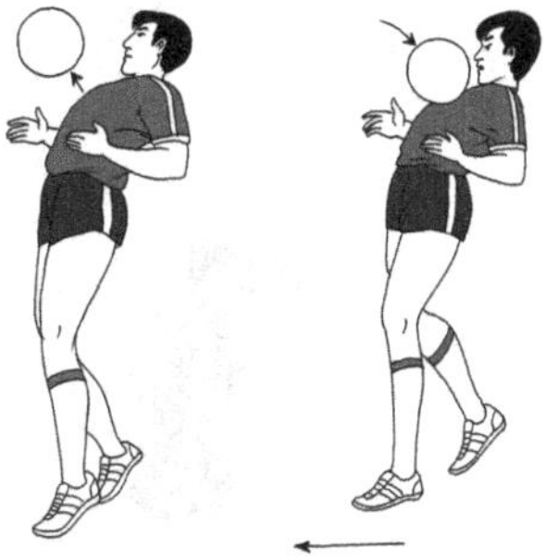

图 5-19 胸部接球

(2)收胸接球。挺胸迎球,触球后收胸扣压球,使球顺利落到脚下,以便运球(图 5-20)。

图 5-20 收胸接球

(三)运球

以运球过人为例。

逼近防守者,注意对球的保护,身体重心下移,采用假动作使防守者被动移动,达到目的后,趁机摆脱防守,继续向目标方向运球(图 5-21)。

图 5-21 运球过人

(四)踢球

1.脚背正面踢球

以左脚踢球为例。

身体稍向来球方向转,左腿屈膝上抬,小腿前摆,用脚背正面踢球(图 5-22)。

图 5-22 脚背正面踢球

2. 脚内侧踢球

根据判断向目标方位迅速移动，右腿屈膝上抬，小腿后摆，以脚内侧踢球（图 5-23）。

图 5-23 脚内侧踢球

(五)头顶球

1. 原地顶球

稍屈膝，两臂屈肘张开，靠近来球时，快速向前摆体，用前额正面把球顶出（图 5-24）。

图 5-24 原地顶球

2. 鱼跃头顶球

与来球相向而立，身体前倾，双脚前蹬，利用蹬地的力水平跃出，同时向前伸展两臂，用前额顶球（图 5-25）。

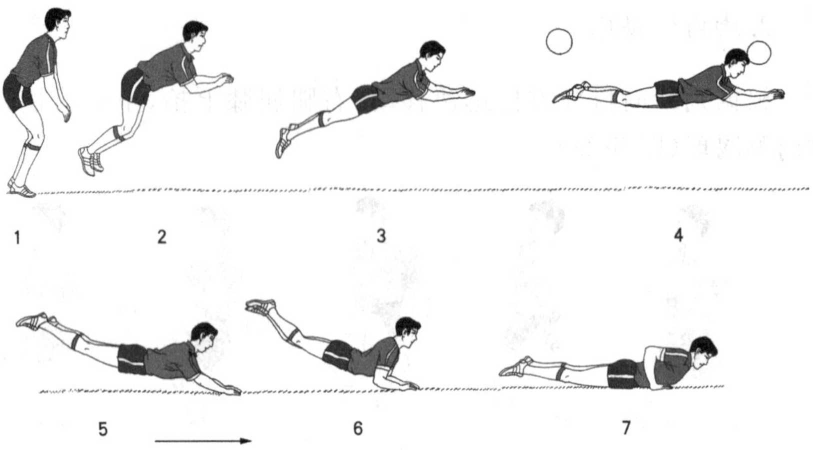

图 5-25 鱼跃头顶球

三、篮球健身方法指导

经常参加篮球运动，能够使肌肉结实，体形匀称，体格健壮，促进身体素质的发展。还能促进心脏、呼吸、血管、消化等器官功能的改善，提高神经系统的灵活性。此外，篮球运动对人体大脑功能水平的提高与智力的发展也有重要意义。

下面主要分析篮球健身技术方法。

(一)移动

1.起动

降重心，上身前倾，两肘弯曲，快速摆臂起动。前两步动作短促而快速，慢慢前移重心，抬上体。

2.跑

以变向跑为例，从右变向左侧时，最后一步时，右脚前脚掌内侧用力蹬地，脚尖内扣，右膝迅速弯曲，上体同时左转，并向前倾，重心左移，左脚迅速前进。

3. 跳

以双脚跳为例，两脚开立，屈膝降重心。两脚用力蹬地，两臂上摆，身体腾起，保持平衡。落地时，屈膝缓冲。

（二）传球

以双手胸前传球为例。

双手将球置于胸腹间，两肘弯曲，注视传球方向，做好基本准备。传球时，后脚发力蹬地，上体前倾，两臂向目标方向伸直，拇指用力下压，借助食指、中指的力量迅速拨球，将球传给队友（图 5-26）。

图 5-26　双手胸前传球

（三）接球

以右手单手接球为例。

右脚迈向来球方向，右臂微屈，五指自然分开并伸向迎球方向，左脚迈一步。手指触球后，手臂顺势后撤，收肩，上体向右后方向微转，将球握于胸前成双手持球（图 5-27）。

图 5-27　单手接球

(四)运球

1. 高运球

两腿微屈，上体稍稍前倾，注视运球方向，前臂自然伸屈，用手腕与手指柔和而有力按拍球的后上方，球的反弹高度在胸腹位置，注意手脚的配合(图 5-28)。

图 5-28 高运球

2. 低运球

两腿弯曲下蹲，上体前倾，在体侧拍球，使球反弹后位于膝关节高度，利用上体和腿将球保护好(图 5-29)。

图 5-29 低运球

3. 转身运球

当对手右路堵截时，迅速上左脚，微屈膝，重心移至左脚，并以左脚前脚掌为轴做后转身，右手将球拉至身体的后侧方，并按拍球落在身体的外侧方，然后换左手运球，加速超越防守（图 5-30）。

图 5-30　转身运球

（五）防守

以抢球为例。

防守者趁持球者保护球不当或注意力分散时实施抢球计划。要快而狠、果断完成抢球计划，控制球后，利用拧、拉和身体扭转力量迅速收球，从而完成夺球动作（图 5-31）。

图 5-31　抢球

(六)投篮

以原地右手单手投篮为例。

双脚分开,肘弯曲,手腕后仰,掌心朝上,五指分开,左手将球的侧面扶住,稍屈膝,上体稍向后倾斜,双眼注视篮点。投篮时,下肢蹬伸,伸展腰腹部,伸直前臂,前屈手腕,利用手指弹拨球,最后用食指与中指将球用力投出,右臂自然跟进(图 5-32)。

图 5-32　单手投篮

第六章　社会不同群体运动健康促进的指导

由于人们的职业不同、受教育程度不同、对体育运动的认知不同，导致不同群体参与运动健身的动机也不相同。本章将重点探讨社会不同群体运动健康促进的指导，主要包括不同年龄群体、不同性别群体、不同社会阶层和社会弱势群体的运动健康促进指导。

第一节　不同年龄群体的运动健康促进指导

一、少年儿童的运动健康促进指导

（一）少年儿童人群的生理特征

这里所讲的少年儿童主要是指 3—14 岁的儿童和少年，和成年人相比，少年儿童机体各部分发育较快，但骨骼和肌肉承受压力和拉力的能力较小，易弯曲和变形。因此，少年儿童在民族传统体育健身项目的选择上，要避免选择重量过重、时间过长、次数过多的练习，以免影响因过早从事力量性练习而导致腿部变形和足弓下降（扁平足）。另外，少年儿童还应避免在硬的地面上反复进行跳跃练习，以免下肢骨过早骨化或软骨损伤而影响骨骼的正常生长和发育。

调查显示，我国少年儿童肥胖症的发病率较高，在患有肥胖症的少年儿童中，仅有3%～5%是由内分泌失调和慢性病引起的，剩下的95%～97%属单纯性肥胖。少年儿童肉食量偏高、喜食垃圾食品、营养过剩、活动量较少是导致少年儿童发生单纯性肥胖症的主要原因。

肥胖会给少年儿童带来很大的健康损害，该类儿童容易出现扁平足、膝内翻、脊椎和椎间盘损害，还易患高血压病、脂肪肝、糖尿病等，甚至还会影响智力的发展、性发育以及心理健康，且对其成年后的健康有很大的潜在危险。

(二)少年儿童人群的运动健身指导

运动健身能有效促进少年儿童的身体发育，因此，少年儿童的运动内容、运动形式、运动量以及运动强度的安排都应该考虑到是否对少年儿童的生长发育有非常积极的影响，要注重培养他们参加体育运动健身的兴趣和习惯，全面提高其各项身体素质。

1.少年儿童运动健身的主要内容

对少年儿童而言，参加体育运动健身时要注意多样化，同时要以自身爱好、身体条件和家庭条件为依据来选择所要参加的项目，参加体育运动健身主要以增强体质为目的，跑、跳、投、游泳、球类、体操、武术等形式多样的体育活动都适合儿童与少年参加，在运动内容上没有太多的限制。

运动健身过程中，注意要对儿童与少年良好的站、立、跑、跳等姿势进行有意识的培养，当发现存在身体姿势不正确或发育缺陷的问题时，需要在体育健身练习中及时加入矫正姿势和克服发育缺陷的练习。对少数在发育或健康上经常或暂时有显著异常现象的儿童与少年，视其情况，可减免体育活动，并进行针对性医疗体操，促进其身体康复。

2.少年儿童运动健身的形式

由于受年龄因素的影响，少年儿童的神经系统的特点是兴奋过程占优势并容易扩散，活泼好动，注意力不易集中是主要表现特征。所以，儿童少年在运动的过程中，每种活动都不要持续太长的时间，少年儿童要通过多种形式的体育活动来进行锻炼，防止只参与单一的体育项目，在更换体育项目的过程中要有适当的间歇，家长或教师可以采用直观和示范性的手段引导和组织少年儿童参与运动健身，同时注意培养他们的思维、分析能力。随着少年儿童年龄的增长，其神经系统的抑制过程逐渐发展，最后兴奋和抑制之间的关系会达到均衡。

3.少年儿童的运动量和运动强度

与成年人相比而言，少年儿童的每搏输出量和每分输出量的绝对值要少，但其相对值（以每千克体重计算）大于成年人，年龄越小相对值越大。这个特点说明了少年儿童的心脏能适应短时期紧张的体育活动，其运动量不宜太大，运动时间也不能太长。到了 13—14 岁以后，其心血管系统机能与成人逐步接近，可以承受较大的运动量训练，但也应注意遵循循序渐进和个别对待的原则。

对于少年儿童来说，运动强度不要太大，运动时间也不要过长，对于 12 岁以上的少年儿童，在运动强度上可以稍大一些，但密度要小一些，间歇次数要多一些。负荷过大的力量性练习和消耗过大的耐力性练习则不宜过多安排。需要注意的是，儿童的肌肉较易疲劳，但恢复较快，因此，每周参加运动健身的次数可多次安排，一般以每日 1 次或一周 4～5 次为宜。

二、青年人群的运动健康促进指导

这里所说的青年主要是指年龄在 14－35 周岁的青年人，中共中央和国务院印发的《中长期青年发展规划（2016－2025 年）》中提出，要实施青年体质健康提升工程，要不断深化学校体育改革，强化体育课和课外锻炼，以足球为突破口，集中打造青年群众性体育活动载体，大力开展阳光体育系列活动和大学生“走下网络、走出宿舍、走向操场”主题课外体育锻炼活动，使坚持体育锻炼成为青年的生活方式和时尚。培养青年体育运动爱好，经常性参加足球、篮球、排球、田径、游泳、乒乓球、羽毛球、网球等体育运动项目和健身操（舞）、健步走、传统武术、太极拳、骑车、登山、跳绳、踢毽等健身活动，力争使每个青年具备1项以上体育运动爱好，养成终身锻炼的习惯。引导青年树立健康促进理念，在健康促进事业中发挥积极作用。完善青年体质健康监测体系，实现定期抽样监测和公开发布监测结果，倡导青年形成良好的饮食、用眼和睡眠习惯，控制肥胖、近视、龋齿等常见病的发生率。改进普通高校高水平运动队招生工作，激励青年学生参与体育锻炼。

（一）青年人群的身心特征

一般来说，青年时期是一个人的黄金时期，在这个时期，人的各个器官组织的发育已经完成，人的各项身体素质也处于最高的机能水平。青年人群的心理已经基本成熟，青年人群往往具有旺盛的情感需求，他们具有很强的好奇心、求知探索欲，喜欢一些比较新鲜刺激的事物。

（二）青年人群的运动健身指导

青年人群往往会选择一些运动强度比较大的运动项目，如篮球、足球、网球、拳击、散打等对抗性和竞技性强的运动。同时，由于心理方面的需求，同时也会选择一些新颖的运动健身项目，如攀岩、徒步穿越、赛车、轮滑、高山滑雪、潜水、冲浪、漂流、空中滑翔、溪降、溜索、蹦极等，可以满足青年群体追求刺激、挑战极限、征服自然的需求。在从事这些新兴的体育运动项目时，青年群体一定要根据自身的条件，慎重考虑，选择适合自己的运动健身项目。

此外，青年时期，人们一般对自己的外在形象格外在意，青年期也是人一生中体型、肌肤、容貌最完美的时期，因此，在运动健身内容方面，一些健美健身运动也比较受青年人群的喜欢，一些青年人群会定期去健身房修身塑形。

三、中年人群的运动健康促进指导

这里所说的中年人群，主要是指 36—60 岁的人群，中年时期是人一生中最长的时期，也是保持健康最关键的时期。

（一）中年人群的身心特征

从生理上看，中年人的身体发育已经成熟稳定，体质处于由盛趋衰的转折时期，机体的各项生理功能开始下降。具体来说，心血管系统方面，中年人心功能逐渐降低，心输出量减少，血管腔变窄，血流速度减慢，血管弹性下降，血压升高；神经系统方面，中年人的神经传导速度减慢，记忆力下降，中枢神经抑制减弱，睡眠时间缩短；消化系统方面，中年人的胃黏膜变薄，肌纤维弹性减弱，胃酸分泌减少，消化功能减弱，容易便秘；运动系统方面，中年人骨质密度下降，肌力降低，易患腰腿痛、肩周炎、颈椎病等。从心理上看，由于工作和生活的压力，中年人群常常会出现一些心理健康方面的问题，如抑郁、焦虑、失眠、神经衰弱等。为了促进中年人群的身心健康，应该尽可能地利用闲暇时间参与体育运动。

（二）中年人群的运动健身指导

1. 中年人群的运动健身项目

与青年人追求刺激、追求时尚相比，中年人更倾向于树立健康理念和追求运动品质，更注重健身价值。因此，散步、慢跑、自行车骑游、爬山、游泳、跳舞等有氧运动和对体能要求不高的小球运动颇受中年人的偏爱，象棋、扑克、麻将、垂钓等一些修身养性和愉悦身心的非运动性体育项目也颇受中年人群欢迎。

相对青年人群来说，中年人群有了更加雄厚的经济基础，这使他们参加运动与健身的观念发生了一定改变，一些中年人会选择高尔夫球、保龄球、网球、赛车、射击等高品质的运动健身项目。

球类运动也是中年人运动健身的重要选择，在球类运动中，传统的乒乓球、羽毛球、网球、门球自不用说，虽然说中年人的探新求异欲望已减退，但这并不妨碍中年人群对一些新兴体育项目的喜爱，如溜索、潜水、冲浪、滑水、赛艇、漂流、飞伞、热气球、卡丁车等。

由于工作和生活的压力，大部分中年人需要承担上有老、下有小的生活，因此他们的闲暇时间非常有限，这在一定程度上导致很多中年人群不能很好地利用自己的闲暇时间参与体育运动。应该广泛宣传体育健身的益处，鼓励其充分利用自己的闲暇时间参与到体育健身中来。

2.中年人群参与运动健身的注意事项

(1)科学合理地安排运动负荷。中年人群在参与运动健身过程中，应该根据自己的运动基础，合理安排运动量和运动强度。从心率方面说，中年人参与运动健身时，应该将心率控制在110～160次/分钟，运动频率可以选择每周3～5次，每次参与运动的时间在半小时左右。

(2)做好准备活动和整理活动。由于在运动健身过程中，准备活动和整理活动必不可少，中年人在每次健身时，要有5～10分钟的准备活动(可采取静力性伸展，加强腹部、髋部和腿部力量的运动)和5～10分钟的整理活动(多采用静力性伸展运动，以促进有效的恢复)。

3.灵活安排运动时间和地点

由于中年人群工作繁忙，一般无法确定固定的时间和地点，因此可以根据实际情况选择时间和地点，以便顺利进行运动健身。

四、老年人群的运动健康促进指导

世界卫生组织认为，60—74 岁为年轻的老人；75—89 为老年人；90 岁以上为长寿老人。我国将 60 岁以上的人定义为老年人，到 2017 年年底，我国 60 岁及以上老年人口数达到了 2.4 亿人，这给我国带来了很大的养老挑战，通过鼓励和推动让老年人参加一些体育健身运动，可以提高他们的身心健康，减轻养老的成本。

（一）老年人群的身心特征

1. 生理特征

（1）老年人的心肌组织发生退变，其心肌纤维萎缩、数量减少，结缔组织增生，脂肪沉着等，因而心肌收缩力量也会逐渐减弱，心脏排血量少，对体力活动负荷的适应能力下降。老年人动脉血管壁的硬化使其弹性降低，管腔变窄，血流阻力增大，血液循环减慢，血压升高。

（2）老年人的反应迟缓，记忆力降低，神经系统易出现疲劳且恢复缓慢，大脑对身体各器官系统的调节功能减退。

（3）老年人肺组织逐渐纤维化，肺泡壁的弹性降低，胸廓活动的范围逐渐缩小，因而，肺功能逐渐减退，进而影响全身的氧气供应。

（4）老年人的运动器官会随年龄的增长而发生一系列的退行性变化，如骨质疏松、椎关节僵硬、关节活动幅度缩小、韧带的弹性退化、肌肉逐渐萎缩、肌肉力量和弹性降低等。因而，老年人中容易发生骨折、劳损以及颈、肩、腰、背等病症。

（5）老年人的腹壁肌肉常常出现松弛无力的现象。由于胃肠道运动变弱，消化能力减退，因而易引起内脏下垂和便秘等疾患。

（6）老年人身体内部整个新陈代谢缓慢，能量转换不畅，脂肪和糖代谢障碍更为明显和突出。

2.心理特征

在心理特征方面，由于工作和生活重心的转变，一些老年人出现了孤独、心情低落等情绪，他们也渴望关爱，希望参加一些社会活动来提高自己的存在感，提高自己的幸福指数，参与运动健身，是一项非常好的参与社会活动的重要方式。

（二）老年人群的运动健身指导

1.适合老年人健身的运动项目

（1）太极拳。太极拳对于老年人来说，可起到无病防病、强身健体、有病治病、帮助康复的作用。通过练习太极拳，可以使老年人浑身感到舒服，练习太极推手时，可以使老年人精神焕发。太极拳是我国老年人特别喜欢的一项健身项目，可以在很多地方看到习练太极拳的老年人。

（2）门球。门球具有一定的竞技性，对身体条件的要求不高，活动量不大，动作无太大难度，技术易被掌握，是一项集娱乐、休闲、健身、智慧为一体的体育项目。门球具有户外性、集体性、自娱性、简便性等特点。从门球的特点看，这是一项情调健康、趣味高雅、活动量较小、有一定技巧、方便易学的“轻体育”项目。因此，门球对于老年人而言具有强身健体、悦心寄情、锻炼智力等功能与意义。

（3）广场舞。广场舞是一种舞蹈表演形式，是人们为娱乐和锻炼身体而自发参加的一种群体性舞蹈活动。广场舞已经成为我国一种独特的文化现象，越来越多的老年人开始参与到广场舞当中。

（4）散步。“散步”对老年人来说是一项十分有益健康的健身活动，散步主要是通过下肢关节肌肉来发力完成的活动。老年人散步的时间通常选择在饭后，这样也有利于促进食物的消化，注意散步时要控制步子的大小与速度，不要进行快走。

2. 老年人参加运动健身时的注意事项

(1)进行体格检查。老年人在进行运动健身前,一定要进行体格检查,及时了解自己的身体健康状况,并结合检查结果和医生的建议合理安排运动,以免发生意外。

(2)加强运动中的医务监督。老年人在参与运动过程中,一定要做好医务监督工作,通常情况下,可以通过观测心率来对老年人进行医务监督,老年人运动时的最大心率不应该超过每分钟120次,同时,也可以通过观察晨脉来进行心率的控制,如果晨脉过高,应该在今天的运动中,减少运动强度和运动量。

第二节　不同性别群体的运动健康促进指导

一、男性运动健康促进指导

(一)男性身心发展的特点

1. 生理特点

跟女性相比,男性的肩部较宽,肌肉发达,身体的脂肪含量较低,速度和力量比较好,柔韧性比较差,肺活量要比女性大,肺通气功能较好。

2. 心理特点

跟女性相比,男性更加理性,逻辑思维较强,其情感表达往往更加直接和热烈,意志力也比较坚强。

(二)适合男性运动健身的项目

为了彰显个性，将自己的“阳刚”魅力展现出来，男性大多喜欢身体碰撞、集体对抗、力量角逐和冒险性的运动，尤其喜欢刺激、新颖、时尚的新兴体育项目。男性经常参加的健身项目有篮球、足球、散打、拳击、登山、攀岩、野营、徒步穿越、驾车远游、赛车、轮滑、极限自行车、高山滑雪、溜索、滑冰、冲浪、潜水、赛艇、滑水、漂流、溪降、溯溪、悬崖跳水、空中滑翔、跳伞、热气球等。

(三)男性运动健身的典型项目指导——散打

散打是具有明显男性特征的一个运动项目，下面从实践方面对男性参与散打进行指导。

1.散打基本姿势

(1)头部姿势。向内部收下颌，眼睛的视线集中在对方的面部上，通过眼睛的余光对对方全身的活动进行观察，合拢牙齿，口与鼻呼吸相互协调。

(2)上肢姿势。左手握拳并向上抬，左肘部弯曲约 90°～120°，左拳的高度与左肩齐平，向下沉左肘，向下倾斜拳心，轻握右手成拳势并放在下颌的右侧，右肘部弯曲约 80°～90°，与身体轻贴。

(3)躯干姿势。头颈部与前方正对，含胸、收腹、收臀，放松肩部，气沉丹田，将身体重心置于两脚中间。

(4)下肢姿势。双脚前后分开站立，两脚间距离比肩稍宽(约 10～15 厘米)，稍向内扣左脚尖，脚尖对准前方，身体重心置于脚前掌，抬起右足跟大约 2 厘米高，前脚掌斜向前方触地，微屈两膝，稍向内扣右膝，保持下肢肌肉处于一定的紧张状态，但不要过分紧张。

2.散打基本步法

(1)滑步。前滑步：做好基本准备姿势，用右脚掌蹬地，左脚顺势向前移动半步,左脚着地,右脚随左脚移动而跟进,跟进距离同样为半步,基本姿势保持不变。

后滑步:做好基本准备姿势,用左脚掌蹬地,右脚顺势向后移动半步,右脚着地,左脚随右脚移动而跟进,跟进距离同样为半步,基本姿势保持不变。

左滑步:做好基本准备姿势,用右脚掌蹬地,左脚顺势向左移动半步,左脚着地,右脚随左脚移动而跟进,跟进距离同样为半步,基本姿势保持不变。

右滑步:做好基本准备姿势,用左脚掌蹬地,右脚顺势向右移动半步,右脚着地,左脚随右脚移动而跟进,跟进距离同样为半步,基本姿势保持不变。

(2)垫步。散打运动中经常会用到垫步,垫步的方向有前、后两种。垫步的方法与滑步是相反的,想要往哪个方向移动,就首先移动相反方向的那只脚,另一只脚随之跟进,而且跟进速度要快,基本姿势保持不变。如后垫步,做好基本准备姿势,左脚掌蹬地向后方移动一步,右脚随之向前移动一步,基本姿势保持不变。前垫步则相反。

(3)环绕步。散打运动中,环绕步也是一种基本步法。环绕步的动作是,做好基本准备姿势,用右脚前脚掌蹬离地面,左脚顺势向左滑动,滑动一小步即可,右脚随左脚的移动而同样向左滑动,右脚需要滑动一大步,基本姿势保持不变,向左滑动右脚时不能超过左脚。

(4)弹跳步。弹跳步同样是散打运动的基本步法。弹跳步的动作方法是:双脚前掌用力蹬地腾空,在基本姿势保持不变的情况下向任何方向跳动,双脚落地,落地可以同时也可以分开。蹬地腾空时不能与地面距离过远,而且步法要轻快。

3.散打基本拳法

(1)冲拳。左冲拳:左脚在前,实战步。前脚掌蹬地,身体稍左转,重心稍前移,左拳向前击出,右拳放于下颌外侧待发,随即,拳顺原路收回成实战步。

右冲拳：右冲拳与左冲拳大致相同，只是发拳时身体要倾向左侧，为了击得远，后脚跟可提起向体外转动。出拳路线要直，出冲拳速度要快，攻击对方中、上盘。

(2)摆拳。左摆拳：左脚在前，实战步。上体微向右转，同时左拳向外、向前、向里横掼，臂微屈，拳心朝下，力达拳面或偏于拳眼侧，右拳护于右腮，目视前方。

右摆拳：预备势开始，右脚微蹬地并向内扣转，合胯并向左转腰，同时右拳向外(约 45°)、向前、向里横掼，力达拳面或偏于拳眼侧；左拳回收至左腮前。

(3)抄拳。左抄拳：左脚在前，实战步。身体右转，重心略下沉，同时左脚掌蹬地，脚跟外转，向右上挺髋，左拳借此力向右上出击，肘弯曲 90°～110°左右，拳心朝里，力达拳面，目视前方。

右抄拳：打右抄拳略同左抄拳，右脚蹬地，扣膝合胯，微向左转腰的同时，右拳由下向前、向上抄起，上臂与前臂夹角在 90°～110°之间，拳心朝里，力达拳面；左拳回收至右肩内侧。

4. 散打基本腿法

(1)蹬腿。蹬腿的动作与直拳的动作道理是相同的，它是用脚底部位向前直线蹬出来完成的，蹬腿技术的杀伤力较大，其比赛中具有重要的实用意义。蹬腿主要有以下两种方法。

①左正蹬：左脚在前，实战步，右腿直立或稍屈，左腿提膝抬起，大腿尽量靠近胸腹部位，脚尖勾起，脚底向前蹬出，同时上体稍后仰，力达脚前掌。

②右正蹬：身体重心前移，左腿直立或稍屈，身体稍左转，右腿屈膝前抬，勾脚，以脚跟领先向前蹬出，力达脚跟；亦送髋，脚掌下压，力达脚前掌。

(2)踹腿。在众多腿法中，踹腿的使用率是比较高的。踹腿这一腿法很容易对步法进行调整，所以，踹腿动作千变万化，通常踹腿是直线方向的运动，有较快的速度和较大的力量，使用踹腿这一腿法时对方难以对其进行防守，踹腿通常要与步法配合运用，踹腿有以下两种方法。

①左踹腿：左脚在前，实战步。右腿直立或稍屈支撑；左腿屈膝抬起，小腿外摆，脚尖勾起，脚掌正对攻击目标，展髋，挺膝向前踹出，力达脚掌，上体可侧倾。

②右踹腿：左腿直立或稍屈支撑，身体向左转180°，同时右腿屈膝前抬，小腿外摆，脚尖勾起，脚掌正对攻击目标，用力向前踹出，力达脚掌，上体可侧倾。

(3)鞭腿。鞭腿又可以被称为“边腿”，因为它是从旁边对对方进行攻击的。采用鞭腿向对方进攻时，要提起膝关节，伸脚与收脚会产生一种弹射的力量，所以鞭腿又可以称为“侧弹腿”。在散打实战中，鞭腿的实用意义很大，腿的“出”与“收”动作都很快，而且产生较大进攻力量，腿的高低也没有限制，可以随意根据具体情况调整。鞭腿有以下两种方法。

①左鞭腿：左腿在前，实战步。右腿直立或稍屈支撑，上体稍向右侧倾；同时左腿屈膝向左侧摆起，扣膝，绷脚背，随即挺膝向前弹踢小腿，力达脚背至小腿下端。

②右鞭腿：左腿直立或稍屈支撑，上体左转180°，稍向左侧倾；同时右腿屈膝前摆，扣膝，绷脚背，随即挺膝向前弹踢小腿，力达脚背至小腿下端。

5.肘击法

散打运动中的肘击法主要有如下几种。

(1)顶肘。顶肘是通过使用肘尖向对手进行顶击来完成的，顶肘分三个层次，即上、中、下，“上”层次是顶面、“中”层次是顶胸、“下”层次是顶腹，顶肘的技术在前、后、左、右四个方位都可以运用。

以平顶肘为例来说明其动作方法：做好基本的准备姿势，将左脚向前一步移动，左肘同时向前方平顶，右掌将左拳猛推，使其到达肘尖的位置，两眼直视攻击目标。

(2)盘肘。盘肘是从侧面对对手进行攻击,盘肘进攻的路线呈弧线型。使用盘肘进攻能够产生较大的力,通常运用盘肘来对对方的肋和腹部进行攻击。盘肘的动作方法是,做好基本准备姿势,左脚向前一步,同时左前臂内旋,上体向右猛转体,屈肘时用前臂外侧向前横打,目视对方,也可以向左右侧上部,同时使用盘肘。

6.摔法

摔法也被称为"跌法",在散打比赛中,任何一方采用摔法将对手摔倒的时间不能超过2秒,否则不能得分,因此人们也将摔法称为"快摔"。如果运动员能够合理使用快摔技术,就能够增加得分的机会,常见的摔法有以下几种。

(1)抱腿别腿摔。对方用左腿对上体进行攻击时,迅速与对方靠近,从上面用右手将对方的左脚腕抓住,左臂弯曲用肘窝将对方的左膝窝夹住。然后身体弯曲用左手从裆下穿过,用左手掌将对方的右膝窝扣住,用右手将其左脚腕扳拉到右后方。身体向右后方向转动,同时身体重心下降,右手继续向右后方向扳拉,形成力偶,使对方快速失去重心,从而致使对方倒地。

(2)接腿勾腿摔。对方用右侧弹腿进行攻击时,左手将其小腿抱住,右手穿过对方右肩,将其颈部向下压;与此同时上抬左手,右脚向前上方踢对方的支撑腿,使其失去支撑而摔倒。

(3)接腿上托摔。对方用右正蹬腿进行攻击时,两手将其小腿下端抓住,然后弯曲手臂并向上抬起。两手从后面将对方的脚挟托,同时右脚向前迈步,将对方向前上方推展,使其摔倒。

(4)接腿涮摔。对方用右侧弹腿进行攻击时,双手将对方的右脚抓住,用双手将右脚向左拉,然后再向下拉,最后朝右上方呈弧形摆荡把对方摔出。

(5)格挡搂推摔。对方左脚在前,用左冲拳或贯拳对头部进行攻击时。用右手臂上架来拳,并弯曲臂部顺势向右后经由对方左臂外侧从上到下滑动,用力将其左臂卡住。上左腿,右手下滑到对方左大腿时,向回按扒,同时用左手对对方左胸部进行猛推,使对方失去重心而倒地。

二、女性运动健康促进指导

(一)女性身心发展的特点

1.生理特点

从体型上看,女性的肩部较窄,上身较长,下肢相对较短,骨盆较大。女性的韧带、关节囊的弹性较强,腰部及其他一些部位的关节活动范围较大。女性的皮下脂肪较厚,体内的脂肪含量也较多,约占体重的30%,但是骨骼和肌肉的发育较差。女性的胸腔、肺和心脏的容积较小,导致了肺通气功能和换气功能较低。

2.心理特点

在女性的心理过程中,认识特征主要体现在女性的认识多为感性的认识,较为表浅;在情感中,女性主要体现为温和、均衡;在意志方面,女性主要表现为薄弱、松散。

(二)适合女性运动健身的项目

1.民间传统体育项目

传统民间体育项目有很多都适合女性健身,如荡秋千、扔沙袋、踢毽子、跳绳、跳皮筋、跳板等,在这里,我们只对跳绳和踢毽子作简要阐述。

(1)跳绳。跳绳是一种在环摆的绳索中做各种跳跃动作的体育游戏。这种游戏十分受女性的欢迎。跳绳有单脚跳、单脚换跳、双脚并跳等多种方法。跳时,摆绳与跳跃的动作要合拍,可一摇一跳、一摇二跳、一摇三跳。摇绳的方法可前可后,用长绳可两人同时摇,集体轮流或同时跳。跳跃时还可按不同情况对各种各样的动作花样进行编排。

(2)踢毽子。踢毽子是民间女子最喜爱的体育游戏之一。毽子有鸡毛毽、纸条毽、绒线毽等。踢毽子的基本动作有盘、磕、拐、绷四种踢法。盘,主要指用两脚的内侧交替踢。磕,主要指用两腿膝部互换踢。拐,主要指用脚的外侧反踢。绷,主要指用脚尖踢。踢毽子的花样繁多,如旋转踢、脚尖和膝盖交替踢。远吊、近吊、高吊、前踢和后勾,还可以用头、肩、背、胸、腹代足接毽等。踢毽子是一项良好的全身运动,对培养和锻炼女性的灵敏性和协调性有重要作用。

2.现代体育运动项目

(1)女性体操。女性体操的内容很多,包括有健美操、女子哑铃操、女性减肥操、产妇健美操等。女性体操已逐渐成为我国女性主要的运动健身项目。主要原因有以下几点:首先,女性的身体特征比较适合体操运动,女性四肢较短,上身较长,脊柱弹性好,适合练习各种体操;其次,徒手体操不受场地、器械、时间等条件的限制,运动量的大小也可由参加者本人进行调整,适合于不同身体情况的女性参加;再则,近年来,女性们的健美意识愈发鲜明、强烈,健美成为女性追求的目标,因此有健美功能的体操受到了女性的青睐。

(2)球类项目。与男性相比,女性喜欢的主要是一些小球类项目,如羽毛球、乒乓球等项目。这些小球类项目,运动量较适宜,对运动技术动作要求比较低,难度较小,对小肌肉群和协调能力要求较高,比较适合女性运动健身。

(3)慢跑。慢跑对女性而言是十分有益的健身方法。女性可以采用慢跑、走跑交替以及退步走等形式进行健身与锻炼。

(4)游泳。游泳是一项非常好的健身运动,其对身体的压力较小,也是一种比较常见的有氧运动项目,是女性可以用来减肥的一种良好运动,因此,女性可以选择通过游泳来进行减肥塑形。

(三)女性特殊时期的运动健身指导

1.女性月经期间的运动健身指导

处于经期的女性,其身体素质和内分泌会发生很大的变化,经期运动特别要注意一些要点,以避免不必要的不良反应和损伤,女性在经期健身需要注意以下几个方面:

(1)经期避免过冷、过热的刺激,特别是下腹部不宜受凉,健身过程中要尽量穿棉织运动长裤做练习,而不宜穿保暖性和透气性均不良的服装,以免痛经或月经失调的现象发生。

(2)经期的头两天应适当减小运动量及强度,不要持续运动过长的时间,特别是月经初潮不久,周期尚不稳定的女性更需要注意对运动量和运动强度的合理安排。

(3)经期不宜游泳和进行冷水浴。因为经期子宫内膜脱落后,子宫内形成较大的创面,子宫颈口略为开大,宫腔与阴道口位置对直,此时,人体全身与局部对病菌侵袭的抵抗力下降,游泳时病菌可能侵入内生殖器官,进而引起炎症。

(4)经期运动量的安排要适当减少,活动时间不宜过长。这是因为月经期间身体的反应能力、适应能力和肌肉力量会有所降低,神经调节的准备性及灵活性也有所下降,活动强度较大,精神过于紧张,身体及神经系统都不能适应,易导致卵巢功能失调引起经血过多或月经紊乱。对于月经初潮的女性,由于性腺内分泌周期尚不稳定,更要谨慎运动。

(5)经期加强医务监督。身体健康、月经正常、无特殊反应又有一定运动水平的女性,经期可以进行正常的健身与训练,但要坚持循序渐进的原则,在运动训练的开始阶段运动量要小,随着身体的适应逐步增加运动量。

(6)运动期间,如果出现月经不调和身体不适,应适当调整运动量和运动负荷,改善运动健身的环境,仍不能恢复正常的女性,应停止运动健身,并及时就诊。

2.女性怀孕期间的运动健身指导

女性孕期可以进行体育健身运动，而且这一时期健身对孕妇有着积极的影响。适当的、合理的运动健身可以促进孕妇消化、吸收功能的增强，加快胃肠蠕动的速度，可以为胎儿提供更充足的营养。怀孕期间适当参与健身运动，可以促进血液循环，使血液中氧的含量提高，身体的疲劳和不适会因此会得到一定的缓解，精神振奋状态能够得到一定时间的保持，这些对胎儿的顺利发育是有好处的。运动可以促进母体及胎儿的新陈代谢，既促进了孕妇体质的增强，又能提高胎儿的免疫力。孕妇在运动健身中，肌肉和骨盆关节得到锻炼，可以保持和发展良好的肌肉力量和韧带弹性，为日后顺利生产创造有利条件。孕期运动健身对刺激胎儿的大脑、感觉器官、平衡器官以及呼吸系统的发育也是十分有利的。孕期健身可帮助孕妇保持舒畅的心情和良好的睡眠。鉴于孕期健身的功能，女性在怀孕期间要注意适量地参与运动健身，并注意运动的科学性，具体需要注意以下几方面的事项：

(1)运动健身的时期选择。孕妇在怀孕的早期即前3个月不宜进行较大幅度的运动；在怀孕的后期，即7个月以后运动也要适当减量。为保证女性的安全，一般最适宜孕妇的健身时间段是怀孕第4个月到第7个月，第4个月开始，第7个月结束。

(2)运动的环境和时间。女性在孕期尽可能选择花草茂盛、绿树成阴的地方来健身，这些地方空气清新，有较高的氧气浓度，尘土和噪声污染相对较小，有利于母体和胎儿的身心健康。孕妇运动的时间可以选择早晨，或者黄昏时候的绿地和公园，尽量选择远离交通拥挤车辆较多的地区健身。

(3)运动方式的选择。一般情况下，步行、慢跑、游泳、健美操等运动方式是比较适宜孕妇健身的方法。散步不但可以促进孕妇神经系统和心肺等脏器功能的增强，而且能够促进腿肌、腹壁肌、胸廓肌、心肌等肌群活动的加强。游泳是目前国外比较流行的孕期健身方式。但要注意，游泳的水温要适合，不要在很冷的水中游，游完之后要赶快上岸，注意保暖。

第三节 不同社会阶层的运动健康促进指导

一、社会阶层的分类

（一）社会阶层分类的标准

1. 个人收入

收入是我国重要的社会阶层分类标准，这是因为人们的消费水平、生活方式、安全感等都会受到其个人收入的影响，参加体育运动是一项有钱有闲的活动，只有收入达到了一定程度，才能更好地参与到体育运动中来。

2. 职业

现阶段，人们在社会中所处的地位主要通过其职业地位体现出来，一个人的社会表现会受到其职业的影响，具体受职业性质、职业声望、职业环境及职业活动范围等的影响。因此，一个人的职业是衡量其社会阶层的重要标准。

3. 教育程度

人的知识、能力、价值观、人生观、技术、修养等都会受到教育程度的影响。教育程度也是决定社会地位和职业的重要因素，它往往与个人经济收入相匹配，因此，教育程度在一定程度上也决定着一个人的社会阶层。

(二)中国社会阶层的分类

为便于对不同职业社会群体的体育健身活动进行广泛的探讨,采用中国社会科学院社会学研究所《当代中国社会结构变迁》课题组的结论,对社会阶层的划分主要以职业分类为基础,以组织资源、经济资源和文化资源的占有状况为标准,按照这一方式可以将社会成员分为十大阶层,具体如下。

(1)国家与社会管理者阶层。

(2)经理人员阶层。

(3)私营企业主阶层。

(4)专业技术人员阶层。

(5)办事人员阶层。

(6)个体工商户阶层。

(7)商业服务业员工阶层。

(8)产业工人阶层。

(9)农业劳动者阶层。

(10)城乡无业、失业、半失业者阶层。

二、不同社会阶层的运动健康促进指导

(一)国家与社会管理者阶层

在政府、事业单位和社会团体机关中具有实际行政管理职权的领导干部是国家与社会管理者阶层的主要代表。对这一阶层的人来说,他们在业余时间参加体育活动的目的主要是放松身心,缓解工作压力。这一阶层的人在参与体育健身活动时,对活动环境一般都有较高的要求,并且对自己的身份与地位较为关注与重视,会特别谨慎地选择场地或健身伙伴。这一阶层属于社会上层,拥有较高的社会地位和较大的权力,但是他们也有很强的平等意识,没有严重的等级观念,不会将等级作为其选择健身伙

伴的主要依据。与其他阶层的人相比而言，国家和社会管理阶层参与体育运动时，拥有非常便利的运动设施条件和优美的运动环境。在选择活动内容时，他们对游泳、网球、乒乓球等具有健身、娱乐、休闲价值的运动项目较为青睐，益智类棋牌类活动也是他们经常选择的健身内容。

（二）经理人员阶层

大中型企业的中层与高层管理人员是经理人员阶层的主要代表，他们积极推动了市场化改革，并且在工作中面临着巨大的压力，这是由市场竞争的激烈程度所决定的。所以，他们在参与体育健身活动时，不仅有与上一阶层相同的价值取向，而且还有突出的个性化取向，如促进自我的不断完善，对个人人格魅力的彰显，提高自己的社会影响，对企业形象进行宣传等。这一阶层的人一般学历都比较高，专业知识丰富，也有较高的社会地位，所以在社会阶层系统中属于主导阶层。上一阶层对体育健身服务可以免费享用，但经理人员阶层不可以。不过，这一阶层对大量的经济资源进行支配，经济条件较好，参与高消费水平的健身项目也比较容易。职业经理人在余暇时间通常对极限类的运动比较青睐，他们喜欢将大量的资金投入到赛车、赛马、登山旅游中；他们一般会选择档次较高的体育健身场所进行运动，从而对高质量的健身服务加以享受。他们喜欢的健身项目主要有保龄球、高尔夫球和网球等。因为这一阶层的人大都是中年人和老年人，所以不是很喜欢负荷大、对抗强的健身活动。

（三）私营企业主和个体工商户阶层

虽然私营企业主和个人工商户在社会阶层中属于不同的位序，但他们有相似的生活方式、休闲时间及消费水平。这两个阶层都是改革开放的重要获益阶层，传统意识形态对其影响较大，所以他们在政治与经济上的地位很难匹配。这两个阶层人群参加体育健身的价值取向主要体现在显示身份和提高社会地位。

所以，他们经常通过健身娱乐活动来扩大自己的交友圈，与他人建立良好的人际关系，增加自己的人脉，有时候他们也会在健身与娱乐活动中融入业务工作。实际上，这与“请人吃一顿饭，不如请人流一身汗”的当代社会新时尚也是相符合的。因为这两个阶层人群的经济资源丰富，所以他们在选择健身内容时通常不会受到资金因素的影响，他们对高档的健身场所比较热衷。受职业特征的影响，他们健身的时间并不固定，表现出明显的随意性特征。

(四)专业技术人员和办事员阶层

在现代社会阶层结构中，专业技术人员和办事员阶层属于中等阶层，而且在中等阶层中是主干，这两个阶层的人员数量较为庞大，而且不同人的经济水平、消费意识、生活方式及态度等各有不同，差异明显。因此在进行运动健身时在内容选择和价值取向方面也有明显的不同，职业特征较为突出，具体分析如下：

(1)这两个阶层中，有的经济水平一般，所以会选择操作简便、具有较强锻炼价值的项目进行健身，他们通常通过有氧运动和器械运动来达到健身的目的，如健美操、跑步等。

(2)有的经济条件良好，拥有超前的消费意识，所以会通过参加时尚、新颖、冒险与极限等类型的运动来促进生活阅历的丰富，体验多姿多彩的人生。

(3)有的消费意识比较传统，在健身方面不会投入较多的资金，所以垂钓、棋牌等花钱少、负荷小、有趣的休闲项目是他们通常会选择的健身手段。

综上，商业服务人员和产业工人阶层会根据自己的喜好与实际情况选择适合自己的运动项目来作为健身与娱乐的手段。

(五)商业服务业员工和产业工人阶层

在社会地位、经济实力、时间结构以及价值认同方面，商业服务业员工和产业工人阶层之间的差异并不大。这两个阶层人群谋生的主要手段就是付出自己的劳力和简单技能，他们一般有较长的工作时间，业余时间身心处于疲惫状态，所以参与体育活动的目的主要是健身、娱乐、放松、缓解压力。与上述几个阶层相比，这一阶层并不具备充足的组织资源和经济资源，所以只选择简单的体育消费方，注重价格低、消耗时间少的实惠健身手段，对高档次的健身场所一般不会光顾。散步、慢跑、乒乓球、篮球、游泳等大众化运动是他们通常采取的主要健身手段。

（六）农业劳动者阶层

处于农业劳动者阶层的人的主要收入来源或唯一的收入来源是农业。虽然在社会不断进步与发展的过程中，城乡居民的收入在不断靠近，但与以上几个阶层相比，农村居民所占有的经济资源还是较少的。农业劳动者普遍都没有较高的文化水平，而且背负着家庭的重担，长期的生产劳动和家务劳动消耗了他们大量的体力，所以他们参与健身活动主要是为了消遣，恢复身体机能。他们受自身经济条件的限制，对一些消费较高的健身项目无法付诸实践，只能从电视上欣赏。对场地器材要求较低的项目是他们普遍采用的健身方法，如棋牌、钓鱼、游泳、太极等。对于乡镇社区组织的各种体育活动，他们会积极地参加，以达到娱乐与消遣的目的。

（七）城乡无业、失业、半失业者阶层

城乡无业、失业、半失业者阶层属于贫困阶层，被认为是弱势群体。影响这一阶层人参与健身活动的因素主要是收入与时间。对这一阶层中的富有群体而言，时间是其参与健身活动的主要障碍，而收入是影响贫困群体健身的主要因素。虽然这一阶层的人总体上经济条件差，但他们拥有富裕的时间，为了不白白消耗空余时间，他们会通过参加有趣且有较强娱乐性的体育活动来消磨时间。他们大都是以个人的形式参与体育活动，也有一些人加入自发形成的体育群体，到免费的公共场所跑步、跳舞、练气功、做器械练习，以此来达到健身、娱乐与消遣的目的。

第四节　社会弱势群体的运动健康促进指导

一、残障群体的运动健康促进指导

(一)适合残障群体运动健身的项目

1. 田径项目

残障人群的田径锻炼可分为站立组和轮椅组。其中,站立组适合痉挛或失明人参与;轮椅组适合下肢瘫痪、小儿麻痹、截肢等残障人。残障人群参与田径运动,都应根据个人自身的情况及爱好来选择学习项目,大部分项目皆需要改装器材来进行。

残疾人奥运会田径项目始于 1960 年的罗马残奥会,此后一直拥有最多的选手和观众。近 50 年来的技术发展使残障人运动员在竞技场上不断创造出令人难以想象的成绩。田径比赛对所有残障类别的运动员开放,包括使用轮椅、假肢等各种比赛,并在以周期性运动为主的径赛项目基础上增加了田赛项目,包括跳高、跳远、三级跳远、铅球、铁饼、标枪等。

2. 自行车

20 世纪 80 年代初,视力残障的运动员最先开始了自行车比赛,脑瘫和截肢运动员则在 1984 年进入此项比赛。1992 年前,这三种不同残障类型人员参与的自行车比赛是分开举行的。从巴塞罗那残奥会比赛开始,所有的自行车运动员在一起进行比赛。自行车的比赛项目分为个人和团体(各参赛国派出 3 名选手)两种。脑瘫运动员参赛时一般用普通的竞技自行车,个别比赛中则用三轮车;失明和视力残障的运动员参赛时和一名明眼运动员共骑一辆双人车，而截肢运动员则使用专门为他们改装的特殊赛车。

3.游泳

残障人游泳起源于理疗和康复，特别是截瘫和脊髓灰质炎患者，可以借助水中的浮力，克服肢体的受限，重享自由。游泳是伤残人奥运会中规模最大的几个项目之一，向各类级别残障人开放。为适应运动员的不同残障情况，伤残人运动会中的游泳规则和国际泳联的有所不同。譬如，下肢残疾的运动员，预备的时候可以采用坐式，或者人在水中；如果上肢残缺，转身时不需要用残肢接触池壁，而可以用上身任何一部分；在盲人和其他视力残障运动员的比赛中，在运动员将游到泳池一端前，专门人员会发出声音信号，提醒他们需要准备转身。游泳适合一般肢体伤残和弱视人士，按个人能力可采用不同的泳姿，需要的话可依靠辅助器材，这项运动受到残障人的普遍欢迎。

4.轮椅篮球

技术和体力的挑战，闪电般的速度，这些是轮椅篮球和普通篮球所共有的特点和魅力，这些特征使其成为伤残人奥运会中最引人注目的竞赛项目之一。轮椅篮球对场地、球篮高度的要求和普通篮球一样，使得残障朋友更易于参与到此项活动当中。游戏规则上唯一的不同是每次传球前可以推两下轮椅。参加轮椅篮球比赛的残障人中的每名成员依据残障情况有1～4.5分的不同积分，残障越严重，分数越低。每队的最高残障分数总和是14分。举例来说，胸椎截瘫为1分；腰椎截瘫或是双下肢膝关节以上截肢为3分；单下肢膝关节下截肢为4.5分。所有参与者坐在灵敏度较高的篮球轮椅上活动，比赛规则与一般篮球运动相同。此项目很适合对团队活动有兴趣的残障人参加。

5.沙壶球

沙壶球运动是一项集技巧、速度、力量、变化性及竞争性于一体的健身运动，分为技巧性和趣味性两种类型。随着全民健身运动的发展，这项趣味性很强的休闲运动在我国很多城市蓬勃发展起来。沙壶球球桌比较低矮，发球区就在球桌边缘，用力无须过猛，玩起来不会太吃力，也不会对身体造成任何的伤害。只需要把球推出，残障人即使坐在轮椅上也不会感觉到有任何的不便。因此，有条件的残障人可将此项目作为健身娱乐的最佳选择。

6. 地滚球

地滚球是西方国家根据残障人的特点开发出来的体育健身项目。可分为站立组和轮椅组两种。前者可供上身截肢、痉挛及失明人士参与，后者适合下身截肢、瘫痪或小儿麻痹等残障人参加，此项运动在草地或室内运动场上进行。此项目十分讲究耐性及智力，特别适合严重痉挛人士。在一个 12 米×6 米的范围内，坐在轮椅上向着指定目标抛掷软皮圆球或木制球，争取接近目标而获取胜利。而手部活动困难的残障人可利用辅助器材进行运动。

7. 钓鱼

钓鱼是一项充满趣味、智能与活力，格调高雅，有益身心健康的文体活动。垂钓有静有动有乐，动静乐于一身，其乐无穷。钓鱼不仅仅是一种休闲，更是一种体育运动，对于残障人的体力和脑力的恢复有其独特的功效。钓鱼的主要工具有竿、线、漂子、坠子、钓钩以及其他附属工具如鱼护(装鱼用)、抄网(钓到大鱼时为防止提出水面时脱钩，可用抄网将鱼抄起)等。

8. 盲人柔道

柔道运动是更适合失明及弱视人作为健身锻炼的项目。盲人可完全按照健全人的运动方式参与这项运动。此项接触性运动有助失明或弱视人提高灵敏性及活动技巧，并且可强身健体。需要注意的是，游戏或比赛场地必须设在有弹性的地板或台上。

9.射击

射击运动对于下身轻微残障的人来说是非常适宜的一项静态健身活动。很多残障人在此项运动中甚至可与健全人同场比赛、切磋。射击有汽步枪及汽手枪两类,分站立和轮椅组。按个人能力及爱好选择来福步枪或手枪,在符合规格的室内靶场进行活动。除轮椅组在器材规定上有所不同外,其他一切与健全人射击活动相同。此项目是讲求心神合一的静态活动。

10.射箭

由于射箭运动讲究内省、静、定等功夫,可以对人刚强、坚忍不拔的精神进行培养,而且它不受体型和力量因素的制约,非常适合残障人参加。

11.轮椅击剑

患有小儿麻痹、下肢瘫痪或截肢的残障人皆可参加轮椅击剑运动,这项运动对头脑及身手灵活的人更具挑战性。运动时,残疾者要坐在一张被固定的轮椅上进行,其他器材和规则与击剑运动相同。

12.飞镖运动

飞镖运动是一项文明、高雅、时尚的体育健身运动。飞镖运动在欧美及亚洲的许多国家和地区已经十分普及,每年都有多种不同的赛事。国家体育总局于 1999 年 5 月将飞镖运动列为我国正式开展的体育竞赛项目。我们在推动飞镖运动发展的同时,也应关注到社会上那部分特殊人群——残障人是否适合参与这项活动。虽然他们的身体有残疾,但他们和正常人一样有享受生活、拥有健康的权利和愿望。飞镖运动对体能、技能无特殊要求,大多数由于身体等条件不适宜从事其他健身活动的残障人,哪怕只有一只手或是坐在轮椅上,都可以参与到飞镖运动中来。我国举办过残障人飞镖比赛，残联主席也出席了大赛。飞镖运动推崇的是“快乐体育”，即运动、快乐、健康的最新理念，将运动健身与休闲娱乐完美地结合在一起，可以使残障人在运动中感受快乐，在快乐中获得健康。

（二）不同残障群体的运动健身指导

1.聋人群体健身指导

聋人可以参与的体育健身活动有很多，但由于这类群体自身的特点，应避免强烈的旋转。特别要注意尽量避免参加增大头颅内压的健身项目。针对聋人群体的健身指导具体如下。

(1)协调性练习。

①原地拍球，转身拍球。

②直臂拍球，用手接球，跳起接球。

③用单手拍球。

④各种“耍球”练习。

⑤左手或右手将静止的球拍起来。

⑥抛起球坐下后接住或抛起球起立接住。

⑦坐姿双脚夹球，抛球自己用手接住。

(2)反应动作练习。

①看不同颜色的卡片做出相应的动作。

②看教师的手势做向各方向移动的动作。

③看对方手势后，做出相反动作。

④双人“影人跑”，学前面正常人的动作。

(3)平衡练习

①单腿站立。

②前滚翻。

③用球拍托球走或跑。

④绷床上跳跃等。

⑤平衡木上走或单腿站立等。

2.盲人群体健身指导

(1)听觉训练。盲人对外界事物进行感知最重要的器官就是双耳,听觉对盲人的视觉具有极大的补偿作用。听觉训练主要通过声音信号来对盲人的体育活动进行引导。从效果看,采用连续的声音进行引导要比间歇的声音效果好,声源在正前方的效果好于在后方,最好不要在侧方进行听觉引导。听觉训练的具体方法有如下几种。

①跟着正前方声音向前走或跑。

②跟随铃声或其他声音在水中行走、游泳等。

③对球在地上滚动的方向进行辨别,通过此项训练对左、右侧或正面滚过来的球进行拦截。

(2)触觉训练。触觉是盲人感知周围世界的重要途径,触觉训练的方法如下:

①用手触摸他人的身体或某个部分,了解做某个动作时的身体姿势。

②用手触摸各种体育器材和设备,对其形状、硬度及用途等加以了解。

③脚触碰地面,对地面的光滑度和硬度加以感知,这样方便运动,如跑到转弯的地方时,脚对地面凸起和变硬的位置进行感知,从而意识到应该转弯。身体各个部位的触觉对视盲的缺陷都能够产生一定的弥补作用。

(3)定向行走训练。对盲人来说,对自己所处的空间位置进行了解,学会对空间的占有与合理使用非常重要。方法如下。

①盲人在他人陪同下,在安全的场所进行短距离散步,熟悉场所的环境以后独立散步。

②陪同盲人训练的人站在某处,拍一下手,引导盲人靠近其身边。

③以长绳为引导线,盲人直线走或跑。

④盲人将带音响的球踢出,球停止滚动后,盲人找球。

3.脑瘫人群体健身指导

脑瘫分为身体和精神上的障碍,轻者经过一段时间的康复训练后,可以拥有基本的生活能力。严重的人难以恢复,需要有人对其进行终身的监护。体育健身与锻炼对脑瘫人群的康复具有重要的促进作用。用于脑瘫治疗的健身方法主要有:被动活动;按摩;助力活动;抗阻活动;主动活动;条件活动;技能练习;复合活动;混合活动;握、取、放物品等动作。脑瘫群体的健身练习内容与方法如下。

(1)走、跑练习。沿直线行走,逐渐增加行走的距离,然后从行走过渡到跑步,以促进踝关节肌肉韧带力量的加强。

(2)协调练习。练习时不要有心理压力。

(3)协调性和准确性练习,如向一定方向投球、踢球、滚球;对积木和插板进行摆放的练习;按照口令将手足同时指向一定方向,或将手和脚放在一定的位置;与医务人员练接球、玩球、传球等。

(4)骑三轮车。脑瘫患者手将车把握住,脚在脚蹬子上固定,按照直线或曲线路线蹬车行进。

(5)不能步行的患者可集体进行某些游戏性动作的训练,如在地板上滚圈。此外,还可以做"水浴"(用特制的浴盆,在他人的照料下做各种肢体活动)和"球浴"(堆积各种颜色的小塑料球,在他人的帮助下,在球堆中做爬行或站立的动作)。

二、农民工群体的运动健康促进指导

(一)农民工参与运动健身的意义

农民工健身指的是进城务工人员在余暇时间以强身健体、娱乐消遣、缓解压力、社会交往等为目的而进行的各种体育锻炼和竞赛活动。现阶段,我国农民工因为受经济因素的限制而体育生活匮乏,而且社会各界也没有对其体育健身需求予以高度的关注与重视,虽然他们的经济权益被政府及有关部门重视,但是其健身权益却没有得到相应的关注。所以，我们现在需要努力的重点在于，对农民工的体育权利进行维护，使他们的健身需求得到满足，从而获得身心的健康。关注农民工的健身与健康对促进我国小康社会的全面建设具有积极的影响。农民工参与体育健身活动具有如下几方面的意义。

(1)农民工参与体育健身活动是构建社会主义和谐社会、体现社会公平公正的基本要求。

(2)农民工参与体育健身活动有利于维持城市社会稳定。

(3)农民工参与体育健身活动可以达到强身健体的目的，从而促进自身就业竞争力的不断加强。

(二)适合农民工群体运动健身的项目

农民工群体大多从事的是比较繁重的体力劳动，或者是一些重复性的技能性劳动，工作时间比较长，可用于运动健身的时间比较少，农民工群体的体育知识和体育认知比较浅薄，他们所工作的场所，体育设施也比较单一，因此，适合农民工群体进行运动健身的项目主要包括常见的体育运动项目，如乒乓球、羽毛球、篮球、象棋等体育运动项目。

(三)农民工群体的运动健身指导

农民工普遍具有工作量大、收入少、文化水平不高、体育基础较低等共性，依据这些特征，需要对体育健身发展多样化目标进行制订，选择投资少、场地器材与体育技能要求较低的健身娱乐项目，鼓励农民工积极参与体育健身运动，使其生活与工作的压力得以缓解，保持愉悦的心情与情绪，促进身心健康水平的提高。

帮助农民工组织与建立体育兴趣小组、健身协会，将便利的健身场所、专业的健身指导服务提供给农民工，举办农民工喜闻乐见的各种运动会、小型比赛等，以此对其健身热情加以激发，使其工余时间变得活跃起来，提高他们的信心，这有利于促进其劳动效率的提高。

第七章 “健康中国”背景下运动健康全攻略

在全球化的背景下，“健康中国”治国理政新理念的提出，体现了以人为本的人文精神和促进人的全面发展的人文情怀，为体育事业的发展注入了强劲动力，加速构建以人民健康为核心、全地域覆盖、全周期服务、全社会参与、全球化合作、全人群共享的“大体育”机制。运动健身可以让人们获得良好的身体素质，形成健康的生活方式，养成体育运动的良好习惯。本章阐述了运动健身的专门准备活动，研究了运动健身适宜量度的选择，探讨了人体基本素质的习练方法，分析了运动处方的制订与实施，为健康中国背景下运动健康促进的理论与方法研究提供参考。

第一节 运动健身的专门准备活动

一、准备活动的作用

准备活动是指运动健身活动开始前的各种身体练习。准备活动的主要功能是预先动员心肺、肌肉等器官系统的机能潜力，尽快适应即将开始的各种健身活动，获得最佳运动健身效果。从事任何体育活动之前，都要进行准备热身活动，之后也要缓和结束让身体复原。

(一)保护肌肉、肌腱及韧带

人的身体就像一部精密的机器，刚启动时无法达到最高的效能或最大的功率。想要充分发挥肌肉的功能，以防造成伤害，就要进行足够的准备活动。避免因任何剧烈的拉伸造成拉伤，参与掷球或踢球等需要相当力量且动作较多的体育运动，准备活动尤其重要。

(二)增强血液循环

热身运动可以扩张柔软组织的血管，增加流经这些组织的血液。这些组织的温度会上升，变得更有弹性、更柔软。

(三)做好心理准备

准备活动不仅可以尽量保护运动者免受运动伤害，也能使身体做好运动的准备。特别是开展运动竞赛时，准备活动也有助于做好心理准备。

二、准备活动的内容

为确保每次运动前都能适当地热身，最好做一套放松、伸展并且缓和的有氧体操。准备活动的时间一般为5～10分钟，主要包括三个方面的内容。

(一)进行适量的有氧运动

有氧运动可以使身体各器官系统预热，提前进入工作状态，可以选择如快走、慢跑等方式，加速心率，增加流向肌肉与组织的血液，提高肌肉温度，降低肌肉、韧带的黏滞性，提高工作效率。

(二)牵拉练习

各种牵拉练习包括肩部伸展活动，双手握于身后，慢慢将手臂举高，暂停，数到 5 后再放松。小腿伸展活动，双腿分开，一前一后站立，渐渐将重心移向前腿，膝盖弯曲，数到 5，这个动作可以伸展后腿的小腿肌肉。这些牵拉练习动作可以很好地提高肌肉、韧带等软组织弹性，预防肌肉损伤。

（三）放松练习

双手平伸做大绕环，可使肩部关节放松，并暖热上臂肌肉。先向前绕环 5 次，再向后绕环 5 次。

准备活动不要操之过急。假如热身后 10 分钟内不开动，身体便会冷却下来，所做的热身也前功尽弃。虽然有些治疗疼痛及使肌肉松弛的软膏和乳液可以减轻疼痛，使身体觉得舒服，但并不能起到预防伤害的作用。因此，不能取代例行的准备活动。

第二节　运动健身适宜量度的选择

一、运动健身量度自我监控

（一）心率测定

心率是指心脏每分钟跳动的次数，正常成年人心率为 60～100 次/分，心率可以用听诊器在心脏表面直接测定，也可用其他仪器测定。在体育活动中心率次数可以选用脉搏次数表示，脉搏可用手在桡动脉、颈动脉和足背动脉直接测定。

用心率监测运动强度是一项比较灵敏的指标，而评定体育锻炼的效果却不太敏感，短时间体育锻炼的效果不可能通过心率表现出来，需要长期从事体育锻炼取得较明显的效果时，才能显示出来心率的变化情况。一旦从心率表现出良好的机能变化，说明体育锻炼的效果已非常显著。

1.基础心率

基础心率就是通常所说的晨脉，在运动健身的过程中，晨脉是比较稳定的，基础心率突然加快或减慢则是身体有疲劳或疾病的征兆，如果锻炼后经过一夜的休息，基础心率比平时增加5～10次/分钟，就会被认为是疲劳的累加。如果基础心率持续升高，就需要调整运动负荷。

2.运动过程中的心率

运动过程中的心率与负荷强度有一定关系，锻炼后即刻10秒脉搏数乘以6就是运动中每分钟的心率，也就是运动过程中的心率。按照训练—适应理论，伴随训练水平的提高，完成相同负荷时，运动中心率就会逐步下降。如果在某一时期内，完成相同负荷时，运动过程中心率依然增加，则表明身体状态不好或技能下降。

3.运动后的心率

人体运动后，经过一段时间的休息，心率可以恢复到运动前的状态；如果身体出现疲劳或负荷、强度过大时，运动后心率恢复的时间就会延长。身体机能状况越好，运动后心率恢复就越快。运动负荷、强度越大，心率恢复时间越长。

(二)呼吸频率测定

体育锻炼后呼吸频率的变化可以在很大程度上反映出肺通气功能的变化，人在安静过程中呼吸频率可以达到12～16次/分，体育锻炼时呼吸频率会明显增加，呼吸频率可以通过胸廓的起伏次数测定。

呼吸频率会受到心率的影响，如果直接告诉受试者测定呼吸的频率，由于受试者的注意力过于集中，会刻意控制自己的呼吸频率，在测定呼吸频率时最好通过转移注意力的方法进行测定。

在受试者不知道的情况下测定，以免由于心理因素的干扰而影响测定结果。

(三)肌肉力量测定

肌肉力量是指肌肉收缩产生的张力，不同肌肉群、不同关节角度和不同收缩速度产生的肌肉力量不同，通常情况下肌肉力量是相对一定的，对于人体的某块肌肉来说，如果把肌肉力量作为评定体育锻炼效果的指标时，需要用简单的肌肉力量来测定肌肉群的最大肌力，也可以测量身体所承受的负荷的重复次数。

肌肉力量是一项比较敏感的指标，特别是有针对性的力量练习后，肌肉力量会明显增加，设定短时间体育锻炼的运动效果评定指标，应用肌力指标评定锻炼效果，可以在练习后几天进行，因为身体疲劳或者肌肉疼痛会直接影响到评定的效果。

(四)血压测定

血压是指流动的血液对血管壁的侧压力，一般常指动脉血压，血压值随心动周期的变化而有所不同。血压身体机能评价的重要指标，运动强度和运动性质与血压有关，经过大强度的锻炼后，收缩压的上升及舒张压的下降都非常明显，恢复得也比较快，表明身体机能良好。

如果锻炼后，收缩压出现了明显上升，舒张压亦上升或血压反应与运动强度刺激不一致，恢复时间延长等，表明身体机能状况不佳。运动时脉压差增加的程度比平时有所下降或出现梯形反应，运动过程中收缩压突然下降，那么说明身体机能的情况并不好。动脉血压的最高值为收缩压，正常值是100～130毫米汞柱，最低值是舒张压，正常值为60～80毫米汞柱。

在运动健身的过程中血压变化比较大，对血压产生的影响要经过一段时间后才能反映出来，运用血压来评定健身量度的时候，要考虑到血压变化的这一特点。高血压患者要时常观察血压的变化，对于大部分锻炼者来说，应在定量负荷后测定血压，对心血管机能进行综合评定。

（五）体重测定

运动健身的前后都可以测量体重，也可以每周测量体重1～2次，结合其他生理指标的变化来综合评定身体机能状况，成年人的体重比较稳定，参加锻炼的初期可以减轻体重，经过一段时间后又会反弹，运动健身后体重的减少不会超过0.5千克，如果体重毫无征兆地大幅度下降，需要考虑是否过度疲劳或者出现消耗性疾病。如果体重持续增加，皮脂增厚，表明运动负荷可能过小。儿童和少年的体重长期保持不变或者下降都属于不正常的现象。

二、运动健身量度的生理评定

（一）定量负荷形式

在安静的状态下，运动健身并不能对身体机能产生良好的影响，不能客观、全面地评定体育锻炼效果，在评定运动效果时应施加一定的运动负荷，最好选择活动强度不大的定量负荷，评定运动健身量度的定量负荷形式主要包括以下两种。

1.30秒20次起蹲

30秒20次起蹲是评定运动健身量度常用到的定量负荷形式，在做预备姿势的时候，健身者身体保持直立，呈立正姿势，听到口令的时候，以每1.5秒钟1次的频率做起蹲动作。

下蹲过程中膝关节呈90°的夹角，连续20次，体育锻炼后测受试者的脉搏、血压、呼吸频率等。运动健身后评定受试者的身体机能，在体育锻炼后5分钟时间内连续测定，评定运动效果。

2.习惯的体育锻炼方式

大众在选择运动健身方式的过程中可以选择自己喜爱的运

动方式，长跑运动员可以在规定的时间内跑步，健美爱好者可以以健美操为运动内容，进行运动健身后测定各项身体机能。

但是在确定负荷的过程中，强度不能过大，是自己最大能力的 60％左右，不同时期的运动强度应该保持一致，强度过大，就会失去定量负荷的意义。

(二)定量负荷指标

1.血压

在定量性运动后血压的变化会有所不同，收缩压高、舒张压下降、脉压差增加表明运动健身效果达到最佳。收缩压升高，表明心脏收缩力量增加；舒张压下降，说明外周阻力减少；脉压差增加表示流向肌肉等外周组织的血流量增加。如果定量负荷后脉压差下降，则说明身体机能较差。

2.心率

经常参加体育锻炼的人，完成定量负荷时，心率的增加比不参加体育锻炼的人心率增加的幅度要小，这主要受两个方面的原因影响：

第一，经常参加体育活动，身体机能提高后，完成定量负荷时，对身体机能的影响就会变小，心脏本身的反应就会减小。

第二，经常参加体育锻炼的人在体育锻炼时主要靠增加输出量适应肌肉工作；没有体育锻炼习惯的人主要靠增加心率适应肌肉工作，心率过分增加会使心输出量下降。因此，在定量负荷后心率下降是心脏功能提高的表现。

3.肺通气量

运动健身后，完成同样的运动负荷，肺通气量不变或者出现下降，表明身体机能得到了提高。进行定量负荷后，身体会出现机能节省化，用比以前小的机能反应，完成同样强度的工作。身体机能提高后，在完成运动负荷时，呼吸深度会得到明显的增加，呼吸频率也得到相应增加。

4. 恢复时间

体育锻炼提高人体生理机能的另一个表现是完成定量运动负荷后，各项生理指标恢复速度明显增加，进行运动效果生理评定时，选择部分简单的指标，如心率、血压等。经过一段时间体育锻炼后，恢复时间缩短，表示体育锻炼提高了人体的生理机能。

第三节 人体基本素质的习练方法

一、力量素质习练方法

(一)最大力量习练方法

人体肌肉在随意收缩过程中反映出的最大用力的能力，即最大力量。

1. 肌肉最大力量的决定因素

肌肉系统的形态学特点和生理生化特点是保障肌肉收缩的物质基础。而肌肉收缩时，中枢神经系统发放的冲动，肌肉系统内部诸子系统参与程度以及肌肉工作的动力等是肌肉收缩工作的条件。除此之外，运动技术的合理性同样是一项作用于肌肉最大力量的因素(图 7-1)。

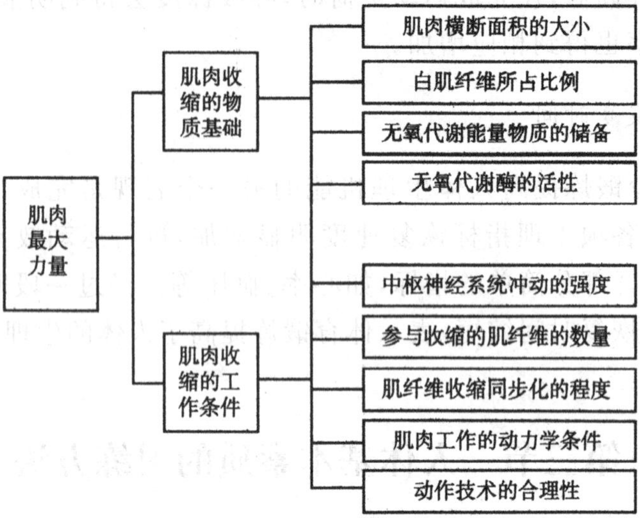

图 7-1　肌肉最大力量的影响因素

2.发展最大力量的途径

分析决定肌肉最大力量的影响要素可知,发展最大力量的常见途径有:第一,增加肌肉横断面;第二,增加肌肉中储备磷酸肌酸的数量,有效提升 ATP 的合成速度;第三,促使肌肉间的协调性与肌纤维的协调性都大大改善;第四,促使运动员更加熟练、灵活地运用各项运动技巧。

3.发展最大力量的常用方法

(1)重复练习法:负荷强度为 75%～90%,每次训练保证完成 6～8 组练习,每组重复 3～6 次,组间间歇 3 分钟。

(2)静力练习法:借助大强度的静力性练习来有效提升运动员的最大力量。具体来说,负荷强度为 90%以上,每次持续时间为 3～6 秒钟,练习 4 次,每次间歇时间为 3～4 分钟。

(3)发展不同肌肉最大力量的收缩方式与负荷特征(表 7-1)。

表 7-1 发展不同肌肉最大力量的收缩方式与负荷特征

收缩方式	负荷强度	练习次数	练习组数	负荷持续时间	间歇时间
次极限收缩	90%～100%	1～3	1～5	5～6 秒	3～5
最大等张收缩	100%	1	5		3～5
最大等长收缩	100%	2	5		3
最大离心收缩	150%	5	3		3
离心—向心最大收缩	79%～90%	6～8	3～5		5

(二)快速力量习练方法

肌肉在最短时间内发挥出最大力量的能力就是快速力量。快速力量是运动速度与力量的整体表现形式(图 7-2)。

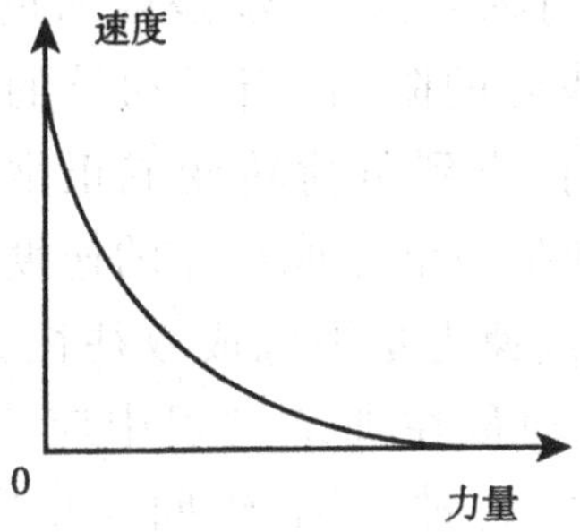

图 7-2 快速力量的表现形式

倘若外部负荷比较大,必须要有很大力量才能克服,则运动速度必然不会快;倘若外部负荷超过运动员具备的绝对力量,则运动速度为零。

反之同理,倘若外部负荷相对有限,则运动员顺利克服只需较小的力量,这种情况下运动速度会相对较快;倘若外部负荷是零,则运动员就可以用最快速度完成运动。通常情况下,会结合 F—t 曲线测力分析,计算出所发挥的最大力量(牛顿)与发挥到最大力量所用时间(毫秒)的比值,作为快速力量的测定指标。

1.决定快速力量的因素

快速力量侧重于用最短时间完成动作，表现出最大力量。由此可见，完成动作的速度同样是决定快速力量的一项关键性因素。除此之外，因为快速力量存在转向化特征，所以要高度重视完成动作时是否和正确技术的要求相吻合。

2.发展快速力量的主要途径

(1)提高最大力量。
(2)缩短表现出最大力量所需的时间。

3.发展快速力量的常用方法

(1)减负荷练习：是指减轻外界阻力（负重重量）或给以助力进行的练习。例如，投掷运动员常采用的投掷轻器械练习。

(2)先加后减负荷练习：第一步是增加负荷重量，负荷重量大于比赛过程中必须战胜的阻力，当运动员的机体大体适应后，再循序渐进地减少负荷，直到负荷转变成正常水平，如此可以大幅度提升运动员在标准阻力下完成动作的速度。

需要说明的是，快速力量训练成效往往会受中枢神经系统兴奋度的影响，所以运动员在训练过程中应当尽可能预防身心疲劳，把重复次数控制在合理范围，组间休息应当保证运动员机体获得有效恢复。

(三)力量耐力的习练方法

力量耐力是指运动员在静力性工作中长时间保持相应强度的肌紧张，或在动力性工作中多次完成相应强度的肌收缩能力。前者称为静力性力量耐力，后者称为动力性力量耐力。动力性力量耐力又包括最大力量耐力、快速力量耐力及长时间力量耐力。

1.力量耐力的决定因素

由于力量耐力同时具备力量的特征和耐力的特征，不只是要求运动员的肌肉力量较大，也要求运动员的肌肉在很长时间内都坚持工作，由此可知决定运动员力量耐力的因素同样具备双重特征。

例如，200 米跑、400 米跑对运动员力量大小的要求比较高，但 5 000 米跑、10 000 米跑对运动员长时间内发挥力量的水平要求更高。运动员需要具备很高的有氧代谢水平，要在长时间内充分发挥各项运动技术的作用。

2. 发展力量耐力的主要途径

对于发展力量耐力来说，第一步是结合专项特征全面分析所需的力量耐力，从而选取切实有效的训练手段，进一步明确训练负荷的具体要求。

3. 发展力量耐力的常用方法

(1)持续训练法。

(2)间歇训练法。

(3)循环训练法。

(4)重复训练法。

二、速度素质的习练方法

(一)反应速度的习练方法及要点

反应速度的快慢取决于运动员的感知觉能力、对于信号的选择性分析、信号沿反射弧传递的速度以及肌肉应答性收缩的速度和能力这四个方面。由于其与信号密切相关，而且必须由接收信号开始，因此，信号刺激法是提高反应速度的基本训练方法。

1. 信号刺激法

(1)重视提高集中注意力的能力，运动员对于可能出现的信号类型、方向、强弱、表现形式等特征应有足够的了解和充分的心理准备，建立起熟练的对应反应的动力定型。

预先将注意力高度集中于可能出现的信号上，在中枢神经系统和相应的感觉中枢形成高度敏感的警戒点，主动对可能出现的信号进行搜索，一旦信号出现，迅速做出反应。

(2)密切联系各个运动项目的竞技特征，训练过程中有针对性地给予各种刺激信号，从而促使运动员对这种信号的反应能力得到强化。速度型项目的运动员主要给予听觉信号；直接对抗性项目的运动员主要给予视觉信号，传递对手技战术变化信息，从而使其应变能力得到强化。集体项目的选手不仅要给予视觉信号，还要给予适当的听觉信号，从而让运动员在短时间内接受同伴传来的信息，然后由此作出精确判断，最终保证战术配合的默契程度。

(3)将比赛中时常出现的重要信号作为主要内容展开训练，同时适度配合给予不同类型的信号刺激，这样对提高运动员的练习积极性与练习效果都有很大的积极作用。

例如，在着重借助枪声信号来提升运动员的起动反应速度时，可以适当给予击掌信号、敲响信号以及口令信号。

(4)密切联系项目特征，进而保证信号刺激训练的负荷切实有效。当开展短距离竞速项目听令起动训练时，必须保证运动员的机能处于良好状态。

合理控制练习次数，在疲劳状态下不参与练习；因为对抗性项目选手在实战过程中不得不及时做出选择性反应，所以应当在运动员体力良好、稍感疲劳、相当疲劳的三种状态下依次安排对应的信号刺激训练。

2.信号刺激法习练方法

(1)固定信号源单一信号的练习。发令起跑 20～30(米)×6～10 次。乒乓球、羽毛球、排球等单一技术的多球训练。篮球、足球训练中常采用的(视、听信号)起动练习等。

(2)移动信号源单一信号的练习。篮球选手听到不同部位传来要球的信号,立即将球传给同伴;拳击选手在神经反射练习板前见到任何一个方位出现信号时,立即用手触摸。

(3)固定信号源选择信号的练习。乒乓球多球训练中,教练员打过来转或不转的球,运动员做出瞬间反应,并打出适宜回球。

(4)移动信号源选择信号的练习。从不同方位发出的不同信号,运动员迅速作出选择性回应。

(二)动作速度的习练方法及要点

中枢神经系统的功能和引发这个部位运动肌肉力量的实际大小是运动员机体所有部位动作速度快慢的决定性因素,训练过程中应当积极选用多种方式来提升运动员的动作速度。通常情况下,提高运动员动作速度的常见训练方法是大强度的重复训练法。

1.动作速度习练要点

(1)选择专项动作或与专项动作结构、用力形式相似的练习。

(2)快速地完成练习。

(3)采用助力法进行练习。

(4)选择可以有序完成的练习,最好选择能够自动化完成的自主练习。

(5)采用预先加难法进行练习。加大难度、加大阻力完成练习,出其不意地让阻力消失或把难度恢复至正常水平,向身体系统和运动系统提出更高要求,借助短时间的后续作用来大幅度提升运动员的动作速度。

(6)进行重复练习时,连续两次练习之间的时间间隔保证工作肌肉中消耗的 ATP 能够获得重新合成补充,保证神经系统依然可以维持理想的兴奋程度。

(7)在练习尚未开始前,运动员的肌肉一定要做好充足准备。

(8)安排练习次数或持续时间,应当把维持最大动作速度作为安排的标准。

2.动作速度习练方法举例

(1)大强度的分解技术练习。乒乓球选手快速的徒手或持重物的挥臂练习;撑竿跳高运动员快速的收腹举腿练习等。

(2)助力练习。体操选手在教练员帮助下做快速的摆腿振浪练习等。

(3)预先加难练习。跳高选手腿缚沙袋做摆腿练习,除去沙袋后接着再做若干次,以提高起跳瞬间摆动腿的速度。

(4)减少负荷练习。投掷运动员用轻器械投掷,以体会更快的动作速度的感觉。

(三)移动速度训练的方法及要点

单位时间内的位移距离是移动速度的衡量标准,和物理领域中速度的含义相同。周期性竞速项目和非周期性竞速项目对运动员移动速度的要求存在很大差异,训练手段的特征同样存在很大不同。

1.移动速度训练要点

(1)周期性竞速项目移动速度的训练要点。周期性竞速项目的移动速度,取决于全程的动作频率,以及每一个动作周期在特定运动方向上的位移幅度。这两个因素的改善,以及它们之间的合理结合,能够保证运动员获得更快的移动速度。

(2)非周期性竞技项目移动速度的训练要点。对于非周期性竞技项目竞赛来说,移动速度的表现存在一次性或间断性或多元性及多向性的特点。

对于投掷项目、跳跃项目以及举重项目来说,运动员的爆发式用力均为一次性的,需要充分发挥一次集中的快速用力来高效完成各项比赛动作。

对于球类运动比赛和体操运动比赛来说,运动员在完成快速移动前往往伴随原地停顿动作或调整成速度较慢的运动，身体位移往往采取间断的形式。

周期性竞速运动员一直朝相同方向运动，有很多非周期性竞技运动员在比赛过程中往往会不间断地朝着前、后、侧、上、下多种方向移动。对于使用器械的项目比赛而言，还存在具备不同性质的位移现象，如篮球运动员的变向、投篮等。

2.移动速度的习练手段

(1)田径健身运动的快速小步跑、原地快速交换踏脚、原地高抬腿跑等练习。

(2)游泳运动员的快速打腿、快速划臂练习。

(3)自行车运动员的快速踏蹬练习。

(4)在外部有利条件下完成的高频率练习，如下坡跑、顺风跑、缩短步长的高频率跑；陆上划臂练习等。

(5)短距离折返跑练习。

三、耐力素质的习练方法

(一)发展一般耐力的习练方法

一般耐力泛指运动员完成长时间工作的整体水平。一般来说，一般耐力的发展水平与测定均会把较长时间段内的工作强度当成评价指标，如通过特定距离所用的时间等。

1.决定一般耐力水平的因素

运动员一般耐力水平取决于运动员的有氧代谢水平、体内储存能源物质的多少、支撑运动器官承受长时间工作的水平，还取决于运动员的心理控制水平以及对疲劳的耐受水平(图 7-3)。

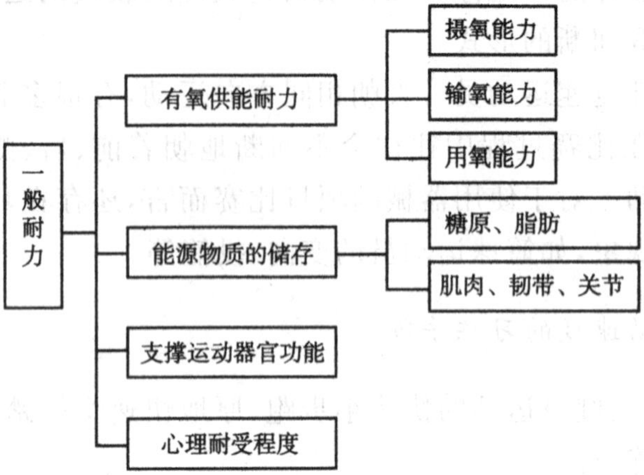

图 7-3　一般耐心的决定因素

2.发展一般耐力的途径与方法

提高摄氧、输氧及用氧能力，保持运动员体内适宜的糖原及脂肪的储存量，提高肌肉、关节、韧带等支撑运动器官对长时间负荷的承受能力，以及加强运动员心理调节控制的能力，改进运动员在疲劳状态下充分动员机体潜力，坚持继续工作的自我激励机制，是发展运动员一般耐力的基本途径，在实践中主要采用长时间单一的或变换的运动练习发展运动员的一般耐力。

跑步和游泳等长时间单一练习，不仅可以使运动员的有氧代谢水平得到大幅度提升，还对发展运动员相对应的主要工作肌群、关节、韧带的工作耐力有很大的积极作用。长时间变换练习内容的练习能够有效减少局部运动装置的工作负荷，在增强运动员有氧代谢能力方面效果十分显著。

倘若运动员参与长时间练习，就必然无法坚持大的负荷强度，所以建议运动员完成一般耐力练习时采用较小的负荷强度，一般耐力训练负荷的显著特征就是长时间、小强度。

训练的总负荷一定要保证运动员机体进入对应的疲劳状态，推动运动员的机体在更加活跃的状态下消除身体疲劳和心理疲劳，最终从根本上改善与提升运动员机体对长时间连续工作的适应水平。

持续训练法和间歇训练法是运动员发展一般耐力的常用训练手段。具体来说，持续训练法就是运动员不间断地练习；间歇训练法就是将所有负荷划分成很多个小段，每两段中间安排不充分的休息（图 7-4）。

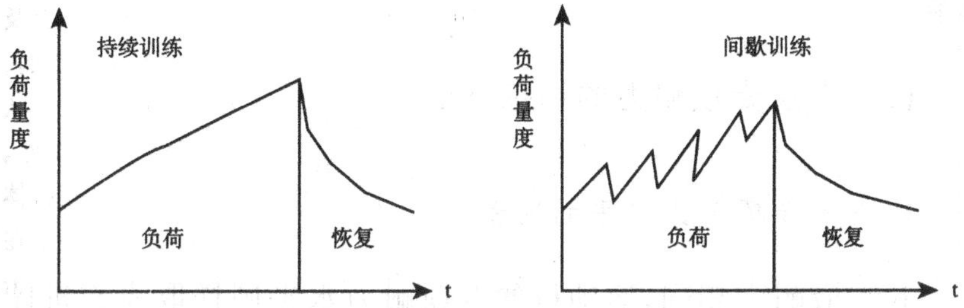

图 7-4 持续训练法与间歇训练法的负荷阶段划分

3. 发展一般耐力常用手段

（1）长时间单一运动项目练习。越野跑 20～120 分钟；自行车骑行 40～180 分钟；游泳 400～2 000 米；跳绳、踢毽 200～1 000 次；划船 1～2 小时；足、篮、羽毛球等练习 1～3 小时；滑冰、滑雪 30～120 分钟；登山、远足 1～4 小时等。

（2）多种变换的、组合的耐力练习。在环形的野外道路（或跑道）上进行的“法特莱克”跑，又称“速度游戏”。练习时，走跑交替，快慢交替，各分段长短不一，要求各异；再如循环练习，通常将 6～10 个不同练习编成组，每个练习发展特定肌群的力量和力量耐力。各练习做最大完成量 1/5～1/2。所有练习不间断地连续进行为一组。做 3～10 组，组间根据不同要求安排 1～10 分钟不同时间的间歇。

（3）在各种练习器上完成的耐力练习。踏蹬功率自行车 5～10 分钟；在跑台上走、跑 10～30 分钟；在划船练习器上完成划桨练习 10～30 分钟。

4. 一般耐力训练的注意事项

（1）野外活动与野外训练必须保证安全，同时携带适量的饮料、保健用品等必需品。

(2)因为一般耐力训练的训练内容存在单一性问题，所以建议教练员组织集体练习，从而防止训练内容太过乏味。

(3)空腹晨练时，倘若需要完成一般耐力训练，则需要把负荷的量与强度控制在合理范围，防止对运动员的身体健康产生负面影响。

(二)发展专项耐力的训练方法

1.决定专项耐力水平的因素

和一般耐力相同，运动员的专项耐力水平同样取决于机体能源物质的储存量、机体供能水平、支撑运动器官的功能、对疲劳的心理耐受程度，但所有方面都反映出了十分显著的特点。

以推铅球比赛和掷铁饼比赛为例，从预摆结束到器械出手通常不超过2秒钟，是具有代表性的磷酸原供能的工作。经过特定时间的间隔之后，重新以最大强度完成相同动作，为此运动员必须保证机体内储存充足的ATP、CP，同时ATP分解之后必须在短时间内合成。

对于羽毛球运动员来说，需要用最快速度重复做滑步动作、跨步动作、扣杀动作等，因此代谢过程中无氧乳酸代谢占据很大比例，运动员完成一场比赛后血乳酸含量往往会达到6毫摩尔/升左右。由此可知，无氧乳酸代谢能力是羽毛球运动员专项耐力构成中的一项关键性因素。

2.发展专项耐力的基本途径与方法

每位运动员在专项耐力方面的表现与特点存在很大差异，所以就需要运动员在训练过程中选用多元化的训练手段，向机体施加不同程度的负荷。

(1)体能主导类快速力量性项群运动员的专项能力。主要表现是借助最大强度来重复完成完整比赛动作的能力。例如，举重运动员在3次试举中，尝试每次都比上一次举起更重的杠铃。

因此，针对运动员发展专项耐力的训练内容和训练方法来说，建议着重选择多次重复完成比赛动作或进阶比赛要求的专项练习，训练过程中积极选用极限强度完成负荷或极限下强度完成负荷。

(2)体能主导类周期竞速项目。运动员的专项耐力由耐力性项群与速度性项群组成。耐力性项目的运动员需要达到的专项耐力要求是用最高的平均速度完成整个比赛过程。

除超长距离以外，专项耐力的常见供能形式是糖酵解无氧代谢供能，常见训练手段是大强度的间歇训练法、重复训练法、比赛训练法。负荷的显著特点是采用超个体乳酸阈强度直至在较短段落中超比赛强度进行训练；对于负荷总量来说，中距离运动员训练时达比赛距离的3～6倍，长距离为1～3倍；两次练习之间的间歇相对略长。

进行重复训练时则要求恢复到每10秒20次或20次以下。练习采用的段落长度，中距离为比赛距离的1/4至3/4；长距离亦不超过3/4，但常采用比1/4专项距离短的练习段落。磷酸原代谢供能是速度性运动的常见供能形式，重复训练法和比赛训练法是速度型提高运动员专项耐力的常见方法。

一般情况，会多次选用1/2至全程段落练习，负荷总量为比赛距离的3～10倍，负荷强度为95%～100%，两次练习之间一定要给运动员预留充足的休息时间。

(3)技能主导类表现性项群运动员的专项能力。具体反映是用最佳技术完成完整比赛动作的能力，所以在赛前训练中一定要指导运动员多次完成成套练习或1/2套以上的练习。例如，高水平的体操运动员在一次训练课上完成30～50套完整练习。

(4)技能主导类对抗性项群运动员的专项能力。技能主导类对抗性项目的比赛时间比较长，运动员必须在整场比赛中展现出最好的技能与体能。训练过程中一定要有针对性地安排长时间的专项对抗练习或者专项练习，在特殊情况下，教练员可以安排比常见比赛时间长或比常见比赛局数多的训练，如排球打 7 局 4 胜等。

四、灵敏素质的习练方法

灵敏素质是在各种环境条件下迅速、准确和协调完成动作的能力。良好的灵敏素质有助于运动员形成各种动作动力定型，并适应突然变化的运动情况，保障运动训练安全。

(1)手触膝。两人一组，面对站立。听到“开始”信号后，双方在移动中伺机手触对方膝盖部位。

(2)正踢腿转体。一腿支撑站立不动，另一侧腿从下向前上方踢起至最高点时，以支撑腿为轴向后转体 180°，两腿交替进行。踢腿时应两腿伸直，上踢快，下落轻，上踢至前额 30 厘米以内时方可做转体动作。练习 3 组，每组 20 次。

(3)前、后滑跳移动。站立姿势，两脚前后开立，上体稍前倾，两腿微屈，两臂垂于体侧。听到“开始”信号后目视手势而移动身体，前滑跳时，后脚向后蹬地，前脚向前跨出，身体随即向前移动；当前脚落地后迅速蹬地，后脚向后跳，身体随之向后移动。前、后滑跳移动也可以采用左、右滑跳的方式进行练习。持续练习 30 秒/组，共练习 2～4 组。

(4)弓箭步转体。由(左)弓箭步姿势开始，两臂自然位于体侧。听到“开始”信号后，两脚蹬地跳起，身体向左(右)转 180°成右弓箭步姿势，有节奏地交替进行。采用计时、记数均可。连续跳转 10 秒/组，共练习 3 组。

(5)快速移动跑。自然站立，目视指挥手势或判断信号。看到手势或听到信号后，按照指挥方向进行前、后、左、右快速变换跑动。一般发出指令的间隔时间不超过 2 秒。每组 15 秒，共练习 3 组。

(6)越障碍跑。面对跑道站立(在跑道上设立多种障碍)。听到“开始”信号后，通过跑、跳、绕各种动作，越过障碍物体，并跑完全程，可采用计时的方式进行练习。练习 2～3 组。

五、柔韧素质的习练方法

柔韧素质是指人体关节活动幅度大小和跨过关节及其他组织的弹性和伸展能力，对运动员的专项技术掌握具有重要的影响作用。此外，柔韧素质较好的运动员不易发生运动损伤，因此，这是一项非常重要的体能素质内容。

（一）上肢柔韧习练

1. 手腕柔韧训练

（1）向内旋腕。自然站立，双臂伸直，双手合掌。呼气，尽量内旋双手手腕，双手分离。反复训练。

（2）跪撑正压腕。双膝和双臂直臂撑地，双手间距约与肩同宽，手指向前。呼气，身体重心前移。恢复开始姿势，反复训练。

2. 手臂柔韧训练

（1）上臂颈后拉。站立或坐立，左臂屈肘上举至头后，左肘关节在头侧，左手下垂至肩胛处。右臂屈肘上举，右手在头后部抓住左臂肘关节。呼气，在头后部向右拉左臂肘关节（图 7-5）。左右手臂反复训练。

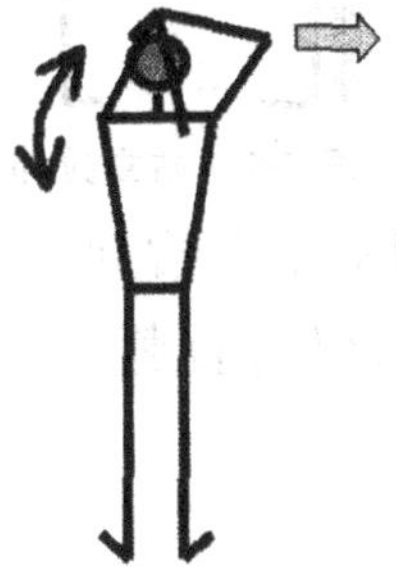

图 7-5 上臂颈后拉

(2)背后拉毛巾。站立或坐立,一只臂肘关节在头侧,另一只臂肘关节在腰背部。吸气,双手握一条毛巾逐渐互相靠近(图 7-6)。左右手臂交替训练。

图 7-6 背后拉毛巾

(二)下肢柔韧习练

1.腿部柔韧训练

(1)站立拉伸。背贴墙站立,吸气,直膝抬起一条腿。同伴用双手抓住踝关节上部,帮助腿上举(图 7-7)。

图 7-7 站立拉伸

(2)仰卧拉伸。仰卧,直膝抬起一条腿,固定骨盆成水平姿势。同伴帮助固定地面腿保持直膝,并且帮助继续提腿(图 7-8)。反复训练。

图 7-8 仰卧拉伸

(3)体侧屈压腿。侧对一个约与髋同高的台子站立,两脚与台子平行。将一只脚放在台子上。双手在头上交叉,呼气,向台子方向体侧屈。练习一定次数或一段时间后,换另一腿继续进行训练。反复训练。

(4)直膝分腿坐压腿。坐在地上,双腿最大限度分开,转体,上体前倾贴在一条腿上部。练习一定次数或一段时间后,换另一腿继续进行(图 7-9)。反复训练。

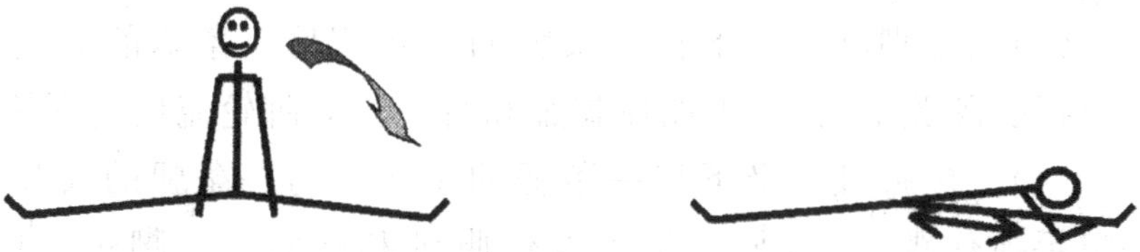

图 7-9 直膝分腿坐压腿

(5)坐压腿。双腿分开坐,一条腿伸展,另一条腿屈膝并将脚跟紧贴伸展腿的内侧。上体前倾贴近伸展腿的大腿。练习一定次数或一段时间后,换另一腿继续进行训练。两腿交替反复训练。

(6)扶墙拉小腿。面对墙,双脚内旋,以肩宽间距左右开立,直臂双手扶墙。头、颈、躯干、骨盆、双腿和踝成一直线,直臂屈肘,人体向墙倾斜。头和肘接触墙面。要求按照上述方法反复训练。训练中始终保持脚跟接触地面,双脚内旋。

(7)坐拉引。坐在地面,双腿体前伸展,双手在髋后部地面支撑。一条腿屈膝,用一只手抓住脚跟内侧。呼气,屈膝腿伸展,直到与地面垂直。两腿交替反复训练。

(8)交叉腿坐毛巾拉小腿。右腿伸直,左腿交叉压在右腿上,将毛巾套住右脚掌,双手握毛巾两端。呼气,双手向躯干方向拉毛巾。反复训练。

(9)分腿坐拉小腿。分腿、直膝坐在地面,双手抓住脚掌,身体前倾。呼气,向髋方向拉脚趾,同时内翻踝关节。两腿交替反复训练。

2.脚踝、脚趾柔韧训练

(1)跪撑后坐。跪在地面,双脚并拢,双手双脚掌支撑。呼气,向后下方移动臀部。反复训练。

(2)踝关节向内拉伸。坐在地上,一条腿的小腿放另一条腿的大腿上。两手自然抓住小腿和脚。呼气,同时向内(足弓方向)拉引踝关节外侧。练习一定次数或一段时间后,换另一脚继续进行训练。两腿交替反复训练。

(3)上拉脚趾。坐下将一条腿的小腿放另一条腿的大腿上。一手抓住踝关节,另一手抓住脚趾和脚掌。双脚轮流反复训练。

(4)下拉脚趾。坐下将一条腿的小腿放另一条腿的大腿上。一只手抓住踝关节,另一只手抓住脚趾和脚掌。双脚轮流反复训练。

(三)躯干柔韧习练

1.肩部柔韧习练

(1)向内拉肩。站立或坐立,抬起一只臂肘关节至肩部高度,屈肘与另一只臂交叉。另一只臂抬起至肩部高度抓住对侧肘关节,呼气,向后拉(图7-10)。反复训练。

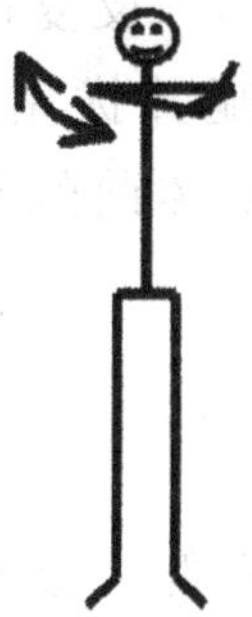

图 7-10 向内拉肩

（2）背向压肩。与肩同高直臂扶墙，手指向上。呼气，屈膝降低肩部高度（图 7-11）。反复训练。

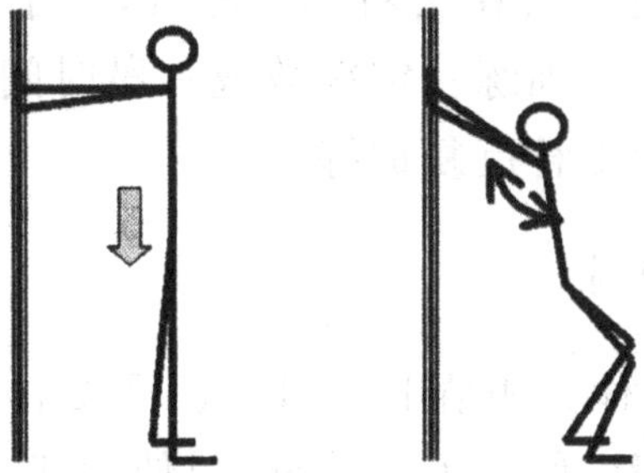

图 7-11 背向压肩

（3）向后拉肩。站立或坐立，在背后双手合掌，手指向下，转动手腕使手指向上。吸气，向上移动双手直最大限度，并后拉肘部（图 7-12）。反复训练。

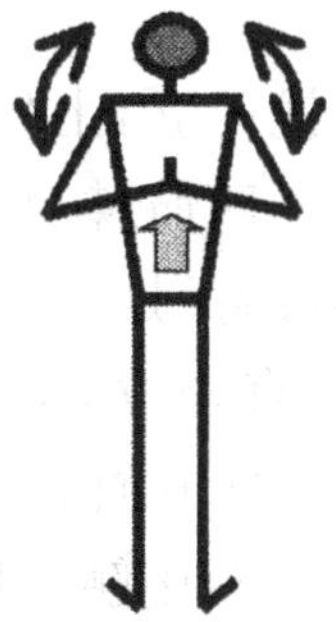

图 7-12 向后拉肩

（4）单臂开门拉肩。在一扇打开的门框内。双脚前后开立，拉伸臂肘关节外展到肩的高度。拉伸臂前臂向上，掌心对墙。呼气，上体向对侧转动拉伸肩部。反复训练。

(5)握棍直臂绕肩。双腿并拢站立，双手握一木棍或毛巾在髋前。吸气，直臂棍或毛巾从体前经头上绕到体后。再从原路线绕回，反复训练。

2.颈部柔韧习练

(1)团身颈拉伸。身体由仰卧姿势开始，举腿团身，头后部和肩部支撑体重，双手膝后抱腿。呼气，向胸部拉大腿，双膝和小腿前部接触地面。反复训练。

(2)持哑铃颈拉伸。双脚并拢站立，右手持哑铃使肩部尽量下沉。左手经过头顶扶在头右侧。呼气，左手向左侧拉头部，使头左侧贴在左肩上。训练一定次数或一段时间之后，换另一侧继续进行训练。两侧交替反复训练。

3.胸部柔韧习练

(1)坐椅胸拉伸。坐在椅子上，双手头后交叉，背靠在椅背上。吸气，双臂后移，躯干上部后仰，拉伸胸部。反复训练。

(2)直臂开门拉胸。在一扇打开的门框内，双脚前后开立，双臂向斜上方伸直顶在门框和墙壁上。双手掌心对墙。呼气，身体前倾拉伸胸部。反复训练。

4.背部柔韧习练

(1)站立伸背。双脚并拢站立，上体前倾至与地面平行姿势，双手扶在栏杆上，略高于头。四肢伸直，屈髋。呼气，双手抓住栏杆下压上体，使背部下凹形成背弓。反复训练。

(2)坐立拉背。上体正直坐立，双膝微屈，躯干贴在大腿上部，双手抱腿，肘关节在膝关节下面。呼气，上体前倾，双臂从大腿上向前拉背，双脚保持与地面接触。反复训练。

5.腰部柔韧习练

(1)仰卧团身。仰卧在垫上，双膝屈起，双手自然扶握在膝关节下部。双手向胸部和肩部牵拉双膝，并提起髋部。反复训练。

(2)体前屈蹲起。自然站立，俯身下蹲，双手手指向前放在脚两侧的地面上，上体紧贴大腿，最大限度伸展双膝。反复训练。

(3)上体俯卧撑起。俯卧，双手掌心向下、手指向前放在髋两侧。呼气，用双臂撑起上体，头后仰，形成背弓。反复训练。

第四节 运动处方的制订与实施

一、运动处方的制订

在制订运动处方时，要掌握四个步骤，即健康调查与评价、运动试验、体质测试及处方制订。

(一)健康调查

健康调查与评价的主要目的就是了解锻炼者的基本健康状况和运动情况。需要了解和掌握的基本情况如下所述。

(1)询问病史及健康状况。既往病史、现有疾病、家族史、身高、体重、目前的健康状况、疾病的诊断和治疗情况等。

(2)了解运动史。体育锻炼者的运动经历、运动爱好和特长、过往运动锻炼中是否发生过运动损伤等。

(3)了解社会环境条件。体育锻炼者的生活条件、学习及工作环境、可利用的运动设施和条件、有无健身和康复指导等。

(4)了解运动目的。了解体育锻炼者的运动目的和动机，对通过运动来改善健康状况的期望等。

(二)运动试验

运动试验要根据检查的目的和被检查者的具体情况而定。一般来说，运动试验主要应用于以下范围内：

(1)为制订运动处方提供必要的依据,提高运动处方的安全有效性。

(2)评定运动者心脏的功能状况。

(3)评定运动者的体能素质。

(4)运动试验可用于发现运动诱发的心律失常,其检出率比安静时的检查高16倍。

(5)用于冠心病的早期诊断,及评定冠心病的严重程度及心瓣膜疾病的功能。

(6)运动试验可用来作为康复治疗效果的评定指标。随着现代社会的发展,运动试验的应用范围也越来越广。目前,逐级递增运动负荷的方法在运动试验中开始得到采用。

(三)体质测试

在运动处方中,体质测试的内容有很多,其中主要包括以下几个部分。

1.运动系统测试

运动系统测试主要包括手法肌力测试和围度测试两种。

(1)手法肌力测试

让受测试者在适当的位置,肌肉作最大的收缩,使关节远端自下向上运动,同时由测试者施加阻力或助力,以此来观察受试者对抗地心引力或阻力的情况。

(2)围度测试

围度测试方法是根据肌肉力量的大小与肌肉的生理横断面有关的生理常识来测试肌肉力量的方法。这种测试的指标主要有:上臂围度、前臂围度、大腿围度、小腿围度等。

2.心血管系统测试

心血管系统测试主要包括静态检查和动态检查两种。测试的指标主要有:心率、血压、心电图等。通过心血管系统测试,可以有效测试出受试者的心脏功能，为制订运动处方提供重要的科学依据。

3. 呼吸系统测试

呼吸系统测试的内容有很多，主要包括：肺活量测定、通气功能检查、呼出气体分析、屏气试验、日常生活能力评定等。

呼吸系统测试能很好地测试出人体的运动能力，对于一些有氧运动项目而言，呼吸系统的功能非常重要，因此呼吸系统的测试非常必要。

4. 有氧耐力测验

有氧耐力测验的内容主要包括走、跑、游泳三种方式。目前，常采用的测试方式有定运动时间的耐力跑和定运动距离的耐力跑。

通过以上测试，可以对受试者的健康状况、体力水平和运动能力等有一个大体的了解，从而为制订一个合理的运动处方提供重要的科学依据。

(四)制订处方

影响运动处方的因素有很多，在制订运动处方的过程中要注意以下几点要求。

1. 事先将身体检查和准备活动做好

在对运动处方进行制订之前，要检查运动者的身体，测定其体力情况，以充分了解运动者的身体发展情况，这能保证运动者锻炼的安全性。

2. 对处方的运动负荷进行科学确定

对处方的运动负荷进行科学确定需要注意以下两点：

(1)运动处方的制订要充分运用运动医学及运动生理学的相

关知识。

(2)要综合判断运动者的体力能力、生活及工作状态等情况，以此来科学合理地制订运动负荷。

3.督促运动者执行规定的要求

(1)要向运动者指明哪些运动项目有危险，或者不适合参加。

(2)要使运动者明确自我观察与监督运动负荷的指标，并将指标发生变化时锻炼停止的事项告知运动者。

(3)将有关生理卫生的常识传授给运动者。

4.指导运动者定期复查身体和测定体力

通常情况下，运动者坚持一段时期的锻炼后，就要对自己的身体状况进行复查，并对自己的体力进行测定，以此来对身体状况的变化进行了解与评价，同时也可以对训练效果进行评价，以及时调整运动方案。

5.考虑身体素质

对运动处方进行制订时，要特别注意锻炼者的体力状况，这要比考虑锻炼者的年龄和性别更重要。所以，运动处方的安排不仅要以性别、年龄为依据，还要对锻炼者的身体状况进行充分的考虑。

6.考虑环境因素

运动产生的生理反应会受到环境的影响，寒冷或高温的环境、高原气候或空气污染严重的环境等都会对生理反应产生影响。运动处方要随着运动环境的改变而进行调整，以使锻炼者的生理能够适应不同的环境。

在炎热的环境中锻炼时，应该对运动进行适当的限制，在运动过程中要注意补液的重要性。在寒冷的冬天锻炼时，要注意防止冻伤现象的发生，要多穿衣服，将头部和四肢保护好。患有疾病的人最好在温暖的天气中进行健身锻炼。

二、运动处方的实施

(一)实施过程

运动处方的实施一般包括三个部分，即准备活动部分、基本活动部分和整理活动部分。每个部分都有不同的内容，体育锻炼者在按照运动处方进行运动锻炼时一定要注意。

1.准备活动部分

运动者参加运动锻炼，准备活动是必不可少的一个环节。进行准备活动有助于运动者的身体从安静状态到工作(运动)状态的逐渐转变，使机体能够慢慢适应较大运动强度，这就使心血管、呼吸等内脏器官系统因为突然承受较大运动负荷而产生意外的可能性降低了，也能够使肌肉、韧带、关节等运动器官发生损伤的概率减小①。在准备活动中，常采用运动强度小的有氧运动和伸展性体操，运动者在不同的锻炼阶段可进行灵活调整与安排。

2.基本活动部分

基本活动部分是运动处方最为重要的内容，是运动者达到康复或健身目的或提高运动水平的主要途径。这一部分的运动内容、运动强度和运动时间等都应按照具体的运动处方来实施。

3.整理活动部分

在运动结束后，运动者不应立即停止运动，而应做一些整理活动，这样才能促进机体的有效恢复。整理活动的主要作用是避免因突然停止运动而引起身体不适状态，可采用散步、放松体操、

① 关辉.体育运动处方及应用[M].北京:北京师范大学出版社,2010.

自我按摩等方式进行。

(二)实施监控

运动者参加运动锻炼难免会发生一定的运动疲劳,这是非常正常的现象。这种疲劳对运动者机体是无害的,因为适度疲劳可以促进机体功能增强,提高健康水平,但要注意避免出现过度疲劳。因此,在运动处方实施的过程中要采取一定的措施和手段加强对机体的监控。

1. 自我监督

在实施相应的运动处方时,运动者应进行负荷的自我监控,使运动处方与自身的身体状况相适应,取得良好的锻炼效果。具体来说,自我监控的方法包括:心率自我检测、主观强度感觉以及两者相结合。

(1)心率自我检测。心率自我检测是指学会计算自己的目标心率(靶心率),并可以熟练地对自己的脉搏进行测定。运动停止后即刻测得的 10 秒钟脉搏数乘以 6 所得的数值可近似地作为运动时的每分钟心率[①]。

(2)主观强度感觉判断。一般来说,当运动者自我感觉有一定的不适时,可能已经处于疲劳状态。运动者可以根据自觉症状的多少判断疲劳的性质和程度,一般情况下,症状总数越多,疲劳程度越深(表 7-2)。

① 关辉.体育运动处方及应用[M].北京:北京师范大学出版社,2010.

表 7-2 运动性疲劳自我感觉症状检测对照表[①]

精神症状	躯体症状	神经感觉症状
脑子不清醒,头昏眼花 思想不能集中,厌于思考问题 不爱动,不爱说话,情绪淡漠 针扎似的疼 困倦 精神涣散,呆滞迟钝 对事情不积极 很多事情想不起来 做事没信心,出错 对事情放心不下,事事操心 信心不足,敏感固执 孤僻、沮丧、缺乏兴趣 记忆力减退 厌烦训练 睡眠不好	头沉 头痛 全身懒倦 身体无力、疼痛或抽筋 肩膀发酸 呼吸困难,气短 腿无力 没有唾液,口发干 打哈欠 出冷汗 动作不协调,不精确 心悸,呼吸紊乱	眼睛疲劳,眼冒金星,眼无神 眼睛发涩、发干 动作不灵活、出错 腿脚发软,脚步不稳 味觉改变,厌腻 眩晕 眼皮和其他肌肉跳动 听觉迟钝,耳鸣 手脚发颤 不能安静下来 恶心 食欲不振

(3)自我感觉监控的反馈与运动处方修正。仔细观察与记录运动者每次运动后的主观感觉、身体疲劳状况、睡眠、体力恢复情况以及运动兴趣与运动欲望,并及时向教师或教练员反应,根据当时的具体情况及时调整运动计划或方案。

2.医务监督

一般来说,有较严重疾病的患者须在有医生指导或有医务监督的条件下进行运动,如心脏病人运动时,应具备心电监测条件和抢救条件。

① 王健.运动人体科学概论[M].北京:高等教育出版社,2003.

第八章　“健康中国”背景下运动健康促进的科学保障

“健康中国”所强调的健康是全面的健康，不仅是指健康的多层面和多维度，也指健康行为促进和健康习惯养成的整个过程的健康。这个过程关系到运动者的一生，也要求具体落实到运动者的每一次健身过程的始终。具体来说，运动者参与运动以促进健康，不仅要重视科学运动内容、方式与方法，还要关注运动健身期间的运动保健，即要重视运动疲劳和恢复、重视运动营养问题、重视运动安全防范与科学急救，这些都应包含在个体的健康行为中，只有做到健身行为的各层面、整个过程的健康，才能真正促进个体的健康，也才能最终实现群体和社会的健康，这是构建“健康中国”的必然要求和重要基础。本章重点就个体运动健康促进行为中的运动健康保障问题进行全面解析，以促进个体更好、更科学地参与运动，促进健康。

第一节　运动疲劳与恢复

一、运动疲劳的概念与分类

所谓的运动性疲劳，就是运动持续一段时间后，机体不能维持原强度工作。疲劳与力竭是不同的，运动性力竭是疲劳的一种特殊形式，是疲劳发展的最后阶段。

运动疲劳可根据身体疲劳状态不同、疲劳部位不同、运动方式不同、产生机制不同等分为多种类型，具体见表8-1。

表8-1 运动疲劳的分类

分类依据	运动疲劳类型
疲劳状态	身体疲劳、精神疲劳
疲劳部位	局部疲劳、整体疲劳
运动方式	耐力疲劳、快速疲劳
疲劳系统	心血管疲劳、呼吸系统疲劳、骨骼肌疲劳
疲劳性质	生理疲劳、心理疲劳
不同频率电刺激应答	高频疲劳、低频疲劳

二、运动疲劳有效恢复

（一）补充营养

运动与营养密不可分，研究表明，机体能源物质的消耗是机体疲劳产生的重要原因之一，因此，合理的营养补充能够消除机体疲劳并恢复到最佳生理状态。

运动健身期间，运动者可结合自身情况适当补充营养，以此来补充机体生理活动所消耗的物质，并且修复体内结构以及消除疲劳。

（二）劳逸结合

1. 做好整理和放松活动

运动前，做好放松与整理活动。放松与整理活动是消除运动疲劳、促进体力恢复的有效的主动恢复手段。运动后的放松与整理活动能够使呼吸系统、神经系统、心血管系统和内分泌系统等从适应运动的状态慢慢地恢复到安静状态。运动者可以通过慢跑和呼吸体操消除疲劳，或在运动后通过做肌肉、韧带拉伸等放松练习来消除疲劳。

2. 积极性休息

积极性休息，这里主要是指活动性休息。活动性休息是消除运动性疲劳的有效方法之一，这种方法能够有效促进全身血液循环，加速乳酸的消除。在日常运动锻炼中，主要可进行散步、变换活动部位等形式的轻微运动。

3. 增加睡眠

睡眠是机体在生活、工作、运动中保持良好状态的支柱和动力，是消除疲劳的最好方法之一，最好的静止性休息是保证睡眠质量。

睡眠的时长，一般每天不少于8～9小时，并应安排一定时间的午睡。大运动量运动健身期间，睡眠时间还可以适当增加。此外，睡眠要有规律，严格遵守生活作息制度，保证睡眠的时间和质量，并讲究睡眠卫生。

(三)物理措施

1. 按摩

按摩是放松和帮助恢复常用的手段，主要目的是促进身体和肌肉进入放松状态，改善血液循环和扩张血管，消除代谢产物，进而促进机体恢复。

一般来说，运动健身者不一定对按摩专业手法了解很深，但可以掌握几个简单的按摩方法帮助自己或者同伴在运动健身后进行按摩放松。

按摩的手法要以揉捏为主，并且交替使用按压、扣击等手法。以消除疲劳为目的的按摩要在运动后方可进行，按摩时间根据疲劳程度通常设定在30～60分钟之间。运动者可以进行局部或全身按摩，并对按摩的时间、深度、力度等方面加以适当的调整。

2. 理疗

理疗法主要包括光疗、蜡疗、电疗等，运用这些方法能够促进机体代谢（活跃代谢和促进代谢产物的排泄）、促进血液循环、改善血液供应，有利于营养物质的吸收，从而达到消除疲劳的目的。

3. 吸氧

实践表明，运动后，当身体处于疲劳状态时在 2～2.5 个标准大气压下的高压氧舱内吸入高压氧对疲劳症状的消除效果非常明显。其原理是通过吸氧能够使血氧含量增加，血液中的二氧化碳浓度下降，pH 值上升，提高组织氧的储备量。

吸氧适合专业运动员大强度训练后的运动疲劳恢复，一般运动健身者在大强度运动健身后，如有条件可以通过吸氧的方法来调节机体疲劳。

4. 针灸

针灸是传统中医疗法的一种，它主要是针对不同的疲劳程度进行的治疗，在不同的疲劳位置采用相应的针灸方法是非常有效的。对于肌肉疲劳可采用穴位针刺的方法。消除全身疲劳，则主要采取针扎强壮穴足三里的方法。局部疲劳的消除则可采取配合间动电电针消除疲劳的方法。

(四)服用药物

大强度运动负荷会造成运动者体内蛋白质、维生素及微量元素的过量消耗，而仅依靠自身饮食获取的能量很难保持身体训练水平，因此，在运动后，可通过服用药物来调节机体内部代谢和生理活动。运动训练和比赛后，合理的营养补充有助于疲劳的消除。

服用药物消除疲劳，常见药物主要有维生素 B_1、维生素 C 和维生素 E。另有麦芽油、花粉，中药中的黄芪、刺五加、人参、三七也对促进疲劳的消除有一定功效。服用时应遵医嘱。

(五)音乐疗法

音乐可以影响人的心理活动，对人的神经系统可产生刺激作用，因此可以通过听音乐的方法来消除机体疲劳。运动后，聆听舒缓的音乐可以帮助中枢神经系统放松，调节循环、呼吸系统和肌肉，消除疲劳。

(六)心理调节

心理调节能减轻紧张情绪，放松肌肉，对消除疲劳和延迟疲劳的产生有良好的效果。心理学方面消除疲劳的方法只要环境温暖、舒适、安静，没有直射的阳光即可，具体调节方法有访谈、心理暗示等。

第二节　运动营养保障

运动与营养之间具有非常密切的关系，运动健身过程中，有机体需要消耗大量的营养物质来满足运动健身的物质和能量需要，如果营养缺乏则会影响运动生理活动的正常进行，进而影响运动健身的顺利进行，因此运动者应熟知运动健身期间有机体的营养消耗情况并及时结合运动健身和自身情况进行营养补充，以使有机体保持在健康的良好状态下科学运动锻炼。

一、运动营养消耗

人体有六大营养素，即糖类、脂类、蛋白质、维生素、矿物质、水，这些营养素维持人体正常生理活动，也是人体运动健身的重要营养基础。对于运动者在运动健身过程中不同营养物质的消耗情况具体分析如下。

(一)糖类的消耗

糖类是人体运动的重要能量来源物质。糖类具有重要的生理功能。

(1)糖类提供人体日常生活所需能量。糖类摄入不足,可导致水分的流失和新陈代谢的减慢。

(2)糖类是构成机体组织的重要物质。

(3)糖类的抗生酮作用。糖类供应不足时,脂肪酸分解产生的酮体不能彻底氧化,在体内聚积可致酸中毒。

(4)节约蛋白质的作用。

糖类与运动有着密切的关系,人体通过吸收糖类,在体内转化储存,然后代谢分解为人体活动提供能量。研究表明,运动者体内糖原贮备量与运动者的运动能力成正比关系,如果运动过程中,运动者糖原贮备减少,则运动健身过程中,机体的持续活动无法得到充足的能量补充,持续运动会导致运动者的耐久力下降。

一般的,参与中等强度的运动健身,运动者在运动时肌肉的摄糖量是安静时的 20 倍以上,体内的糖大量消耗,因此,运动后应适量补糖以促进糖原贮量的恢复。运动健身前和运动健身过程中,通过合理地补糖,可以补充运动过程中机体内部糖原的消耗,确保体内的糖原储备量的充足,提高人体的运动能力。

(二)脂肪的消耗

脂肪是人体的重要营养物质和主要能量来源之一。脂肪具有非常高的热量,每克脂肪经过氧化可以产生 9 千卡热量,是同量糖和蛋白质所产热量的两倍多。因此,脂肪被称为人体的"能源库"。

脂肪对于人体来说具有重要的生理作用,就其与运动的关系来讲,分析如下:

(1)脂肪可以提供运动所需能量。

(2)在复杂的运动环境(尤其是低温环境中),脂肪可以维持体温的恒定。

(3)在人体剧烈的运动状态下,或者遭受到撞击时保护内脏器官。

运动者参与运动锻炼,会通过体内的脂肪分解代谢提供运动所需能量,脂肪的消耗会处于比较高的代谢供能状态,因此,消耗会大大增加。此外,脂肪供能时耗氧比较多,在氧气不充足的条件下,脂肪代谢不完全,不仅浪费脂肪,而且使体内酸性增高,降低身体机能水平和运动能力。

运动健身中脂肪的消耗可促进人体形态的重塑,使人体更加健美。

(三)蛋白质的消耗

蛋白质是生命的物质基础,是人体内供给机体生长、更新和修补组织的材料,人体蛋白质长期供给不足,可引起蛋白质缺乏症,导致机能下降,抵抗力降低,应激能力减弱、运动能力下降。因此,就人体的正常生理活动和一般健康来说,维持蛋白质的体内平衡也非常重要。运动可导致蛋白质的消耗增多,应重视补充。

运动健身可使人体的蛋白质代谢情况发生变化,不同性质的运动项目对蛋白质的体内代谢影响不同。

(1)耐力性运动使蛋白质分解加强,合成速度减慢。

(2)力量性运动中,需要加强蛋白质的分解能力,运动后可见肌肉体积增大,肌肉力量增强。

与糖类和脂肪相比,运动中蛋白质分解供能占运动中能量供应的少数,这是因为蛋白质有更加重要的生理活动需要参与,重视运动期间蛋白质的补充可使机体维持正常生理活动状态,避免过度消耗影响生理健康。

(四)维生素的消耗

维生素是调节生理机能所必需的物质,维生素具有调节和维持机体的正常代谢、促进生长发育的作用。维生素分为脂溶性和水溶性两类：脂溶性维生素不溶于水，不能从尿液中排出，摄入过多会导致中毒，包括维生素 A、维生素 D、维生素 E 等；水溶性维生素摄入过多则会引起代谢紊乱，包括维生素 B_1、维生素 B_2、维生素 C 等（表 8-2）。

表 8-2　不同维生素的生理作用

维生素的种类		主要生理功能
脂溶性维生素	维生素 A	维持正常视力；维持上皮结构的完整与健全；构成丘脑、脑垂体等分泌的激素的营养成分；清除自由基；增强免疫力
	维生素 D	促进钙吸收
	维生素 E	增强抵抗力；延缓衰老
	维生素 K	促进血液凝固；参与骨骼代谢
水溶性维生素	维生素 B_1	辅助糖代谢，构成辅酶，维持体内正常代谢；减缓疲劳；抑制胆碱酯酶的活性，促进胃肠蠕动；强化神经系统功能，保持心脑功能的正常活动，增强学习能力
	维生素 B_2	维护眼、皮肤、口舌及神经系统的正常功能；构成体内酶的重要成分；参与细胞的生长代谢
	维生素 B_6	参加多种酶反应；参与氨基酸代谢；刺激白细胞生成；参与糖和脂的代谢
	维生素 B_{12}	参与红细胞代谢；预防贫血；促进蛋白质合成；增强体力、记忆力与平衡感
	维生素 C	提高生物氧化能力与机体抵抗力；预防动脉硬化；预防和治疗坏血病、牙龈萎缩、出血；对某些有毒物质有解毒作用
	维生素 PP	促进体内物质代谢

参与运动健身锻炼，可引起体内维生素代谢的变化，运动期间，有机体消耗大量的能源物质，体内物质代谢过程会加强，而很多维生素都会参与机体的代谢过程，运动中机体代谢活动的活跃，会导致机体对维生素的需要量增加。剧烈运动可使维生素缺乏症提前发生或加重症状；长期运动锻炼者对维生素缺乏的耐受力更差，应及时补充维生素。

(五)矿物质的消耗

在人体中,矿物质具有非常重要的生理作用,如调节生理机能、参与构成机体组织、维持正常代谢等。就人体中几个重要的矿物质举例如下。

(1)钙:构成牙齿和骨骼。

(2)铁:人体细胞的构成原料,同时,参与某些蛋白与酶的合成。

(3)碘:合成甲状腺素,促进能量代谢。

(4)锌:参与酶的合成、提高酶的活性。

矿物质在人体运动健身过程中会表现出比安静状态更活跃的生理活性,运动中,运动者体内矿物质和微量元素的代谢都会发生一定的变化。例如,运动量大时,尿中钾、磷和氯化钠排出量减少,而钙的排出量增加。因此,运动可导致人体矿物质的大量流失。

(六)水的消耗

水是人体不可缺少的成分,人体含有大量的水,水约占成人体重的50%~70%,机体的水环境是机体内吸收、运输营养的重要场所。

运动健身锻炼会消耗大量的水,随着运动的持续进行,可导致机体的大量出汗。出汗有调节体热平衡的功效,水的运动消耗就是通过出汗排出体外。

运动健身过程中出汗(水的消耗)情况受多种因素的影响,一般来说,活动量大,机体会排出大量的汗。此外,出汗的多少与气温、热辐射强度、气压、温度、单位时间运动量及饮食中的含盐量有关。

二、运动营养补充

(一)糖类的补充

糖分解代谢为运动提供必要能量,运动可消耗体内的糖,糖储存量不足，不足以支持运动的持续进行，因此要重视运动中的补糖。运动期间，运动者在没有及时补充糖而又继续运动的情况下，运动中消耗的是来自体内贮备的糖原。这种情况持续时间如果过长，可造成糖原枯竭，严重的糖原枯竭可能带来致命的伤害。

一般来讲，运动负荷较强、运动频率和强度非常大时，机体对能源的需求也很大，对糖的补充非常重要，

运动期间，科学补充糖类时要注意控制，不宜过多。膳食中糖类的主要形式是淀粉；果糖容易被吸收和利用，且不易转化为脂肪，运动者可经常吃一些水果、蔬菜和蜂蜜等食物来增加体内糖的储备（表 8-3）。

表 8-3　常见食物的血糖指数

食物	血糖指数	食物	血糖指数
白米	81±3	黄豆	23±3
大米（糙米）	79±6	扁豆（鲜）	42±6
小米	101	豌豆（鲜）	56±12
玉米（甜）	78±2	利马豆	46
速食饭	128±4	花生	21±12
粗大麦	36±3	粗面条（糙面）	53±7
荞麦	68±3	通心粉	64
燕麦胚	78±3	苹果	52±3
膨化米	123±11	杏脯	44±2
膨化小麦	105±3	香蕉	83±6
裸麦粒	71±3	猕猴桃	75±8
大麦米	49±5	橙	62±6
小麦面粉	99±3	橙汁	74±4
烤豆	69±12	梨	54±4
眉豆	42±6	芒果	80±7
牛奶（全脂）	39±9	芋头	73
脱脂奶	46	蜜糖	104±21

续表

食物	血糖指数	食物	血糖指数
酸牛奶(加糖)	48±1	果糖	32±2
酸牛奶(加甜味剂)	27±7	葡萄糖	138±4
土豆(烤)	121±16	砂糖	84±2
土豆(煮熟)	80±2	乳糖	65±4

(二)脂肪的补充

脂肪是人体的燃料库，在运动中必不可少，因此要重视运动消耗过程中的补脂。

中等强度健身运动，一般来说，脂肪的摄入量以占摄入总能量的 20%～25%为宜。需要特别强调的是，运动期间，运动者的脂肪供给量应以满足需要为限，不能摄入过多，以免增加胃部负担，引起心血管疾病、脂肪肝等，增加体重，使机体运动速度下降。因此，补充脂肪时，要限制摄入脂肪的质和量。

高质量的脂肪摄取，应选用一些含不饱和脂肪酸的食油，少吃动物性脂肪。偏好肉类的运动者，可以多食用鸡肉、鱼肉等(表 8-4)。

表 8-4　常见食物中脂肪含量(%)

食品	脂肪含量	食品	脂肪含量
猪油	99.5	食油	99.5
肥肉	72.8	人造黄油	80.0
猪瘦肉	35.0	黄豆	16.0
牛肉(肥瘦)	13.4	绿豆	0.8
羊肉(肥瘦)	14.1	花生	48.0
草鱼	5.2	核桃仁	62.7
鲢鱼	3.6	芝麻	39.6
带鱼	4.9	杏仁	54.0

续表

食品	脂肪含量	食品	脂肪含量
大黄鱼	2.5	燕麦片	6.0
鸡肉	9.4	面包	0.5
鸡蛋	10.0	苹果	0.3
牛奶粉(全脂)	21.2	油菜	0.5

(三)蛋白质的补充

蛋白质在运动中的消耗不多，运动中蛋白质的摄入也不必过多。在运动健身期间蛋白质的补充参考量为 2 克/千克体重，优质蛋白质应占 1/3。

优质蛋白质主要存在于谷类(谷类中蛋白质的含量约 10%)、瘦肉、蛋、奶及奶制品当中，结合运动所需可增加蛋和奶的摄入(表 8-5)。

表 8-5 常见食物中的蛋白质含量(克/100 克)

食物名称	蛋白质含量	食物名称	蛋白质含量
牛奶	3.0	猪肝	22.7
酸奶	3.1	猪腰	15.2
鸡蛋	13.3	牛肚	12.1
猪瘦肉	20.2	小麦粉	10.9
牛瘦肉	19.8	大米	8.0
羊瘦肉	17.1	玉米面	9.2
鸡肉	19.1	黄豆	35.6
鸡腿	17.2	豆腐	11.1
鸭肉	17.3	红小豆	20.1
黄鱼	20.2	绿豆	20.6
带鱼	21.2	花生	26.6
鲤鱼	18.2	香菇	20.1

续表

食物名称	蛋白质含量	食物名称	蛋白质含量
鲢鱼	17.4	木耳	12.4
对虾	16.5	海带	4.0
海蟹	12.2	紫菜	28.2
臭豆腐	14.1	毛豆	13.0
腐竹	44.6	豌豆	8.5
猪后臀尖	14.6	豌豆(干)	20.0
猪后肘	16.1	油豆腐	18.4
猪前肘	15.1	素鸡	17.1
猪五花肉	14.4	油豆腐丝	24.2
猪奶脯	7.7	白豆腐丝	22.6
猪肘棒	16.5	熏豆腐干	15.8
牛后腿	19.8	白豆腐干	13.4
牛后腱	18.0	西瓜籽	32.3
牛肝	19.8	葵花子	22.6
牛蹄筋	38.4	榛子	30.5
素什锦	14.0	核桃	15.2
酱豆腐	9.7	栗子	4.1
羊后腿	15.5	松子	14.1
羊前腿	19.7	莲子	19.5
鸡肝	17.4	黑芝麻	17.4
鸡心	15.3	猪肠	6.9
蚕豆	25.8	兔肉	19.7

(四)维生素的补充

运动可加快机体代谢和能量消耗,使各组织更新速度加快,使维生素利用和消耗增多,而且,会加快体内的水溶性维生素从汗、尿中排出体外,导致机体生理代谢过程受到影响,因此应及时补充。

合理补充维生素,要着重补充机体在运动时损失的维生素,最好从天然食物中摄取(表 8-6),并注意控制维生素的供给量。

表 8-6 常见维生素主要食物来源

常见脂溶性维生素主要食物来源	
维生素 A	动物的肝脏,鱼肝油,鱼卵,奶油禽蛋等
维生素 D	肝脏,鱼肝油,禽蛋等
常见水溶性维生素主要食物来源	
维生素 B_1	动物肝脏,植物中的谷类、豆类、干果及硬果,酵母
维生素 E	麦芽,植物和绿叶蔬菜
维生素 B_2	动物性食物,如动物的内脏、蛋和奶,豆类的新鲜绿叶菜
维生素 C	新鲜蔬菜和水果

维生素的摄入量不应过多。长期摄入过多的维生素,可使机体的维生素代谢始终处于一个较高的水平,一旦维生素摄入减少,会导致机体代谢紊乱,运动能力降低。

(五)无机盐的补充

这里就人体运动中所需重要的矿物质的补充进行解析。

1.运动健身期间矿物质的补充方式

(1)钾(K^+):口服钾可迅速恢复生长素水平和胰岛素样生长因子的水平。

(2)铁(Fe^{2+},Fe^{3+}):在膳食中加强铁的摄入。

(3)锌(Zn^{2+}):可饮用含锌饮料补充锌。

(4)硒:在膳食中加强硒的摄入。运动期间建议硒的摄入量为每天约 200 微克。

2.矿物质的主要食物来源

(1)钙:蛋黄、乳类、小虾皮、海带、芝麻酱等。

(2)铁:动物的肝脏、肉类、蛋类、鱼类和某些蔬菜等。

(3)碘:海产的动植物食物。

(4)锌:牛肉、猪肉、羊肉和其他鱼类、海产品。

(六)水的补充

运动期间补水非常重要,科学补水如下。

1.科学补水原则

(1)提前预防。
(2)少量多次。
(3)补大于失。

2.科学补水方式

(1)喝水的方式补充,注意饮用量适当。
(2)选择运动性饮料进行补液,在补水同时补充体内消耗的维生素和矿物质。

第三节　运动伤病康复保障

一、运动损伤及其康复护理

(一)擦伤

1.损伤成因与症状

擦伤是一种皮肤表层的损害伤,多是由机体表面与粗糙的物体相互摩擦而引起的。擦伤后,往往可见损伤部位表皮剥脱,并伴有小出血点和组织液渗出。

2.损伤康复护理方法

(1)轻微擦伤:可采用生理盐水或其他的药水对受伤部位进行清洗,并涂抹红药水或紫药水,无需包扎,一周左右即可痊愈。

面部轻微擦伤可涂抹0.1%新洁尔溶液。

(2)较大面积擦伤：为避免感染，应用酒精或碘酒消毒。如果受伤部位嵌入异物，应先用生理盐水和棉球轻轻刷洗清除，再撒上纯三七粉或云南白药，用凡士林纱布进行适当包扎。

(3)关节周围擦伤：及时清洗、消毒，涂敷青霉素软膏或磺胺软膏等，以保证损伤部位的关节能保持正常的活动，避免二次破损。

(二)挫伤

1. 损伤成因与症状

挫伤是由于机体受到钝性外力的作用，导致该部分及其深部组织产生闭合性损伤。挫伤后，常出现肿胀、疼痛、皮下出血和功能障碍等症状。

2. 损伤康复护理方法

(1)小面积挫伤：局部冷敷、外敷新伤药，并适当进行加压包扎，抬高患肢，减少出血和肿胀。

(2)股四头肌和小腿后群肌肉严重挫伤：伴有部分肌纤维损伤和断裂，组织内出血形成血肿的，应固定伤肢，并及时送医就诊。

(3)头部、躯干部的严重挫伤：观察伤者的呼吸、脉搏等情况，如发生休克，应先进行抗休克处理，使伤员平卧休息、保温、止痛、止血。疼痛甚者，可口服可卡因，或肌肉注射杜冷丁，并立即送医院诊治。

(三)拉伤

1. 损伤成因与症状

拉伤，多是由于准备活动不充分、动作不协调、方法不得当等引起的局部肌肉在运动期间过度主动收缩或被动拉长所致。肌肉拉伤后，受伤部位有压痛、肿胀感，可摸到硬块，可产生肌肉痉挛。

2. 损伤康复护理方法

(1)轻度肌肉拉伤：立即冷敷，局部加压包扎，抬高患肢，24 小时候后按摩或理疗。

(2)严重肌肉拉伤：立即送医院医治。

(四)扭伤

1. 损伤成因与症状

扭伤是指关节发生异常扭转，引起关节囊、关节周围韧带和关节附近的其他组织结构损伤。关节扭伤后，关节及周围出现疼痛、肿胀，有明显的压痛感觉，关节活动障碍，有疼痛感。

2. 损伤康复护理方法

(1)指关节扭伤：先冷敷或轻度拔伸牵引，轻捏数次；然后用粘膏或者胶布将受伤指与靠近的健指相固定，外擦舒活酒或红花油。

(2)肩关节扭伤：采用冷敷和加压包扎。24 小时后可采用按摩、理疗和针灸治疗。扭伤导致韧带断裂者，应及时送医。

(3)腰部扭伤后：立即停止运动。若出现剧烈疼痛，应送医院诊治。24 小时后，可采用热敷和外敷伤药，进行按摩帮助恢复。

(4)膝关节扭伤：先仔细检查以了解受伤的确切部位与受伤的程度。通过膝关节侧向运动试验、抽屉试验、麦氏试验分别检查膝关节内、外侧副韧带，前、后十字韧带以及内、外侧半月板的受伤状况。膝关节急性损伤应立即冷敷。

(5)踝关节扭伤：立即用拇指压迫痛点，进行踝关节强迫内翻与前抽屉试验检查以了解韧带是否发生断裂。较微的或少部分断裂的韧带损伤可以用粘带支持固定，并用弹力绷带包扎。扭伤导致韧带断裂者，应用海绵垫或者较大的棉花垫在外翻位置做压迫包扎。

（五）撕裂伤

1. 损伤成因与症状

撕裂伤是指皮肤受外力严重摩擦或碰撞所致的皮肤撕裂、出血。伤后，伤口部位组织遭到不规则的破坏，有疼痛感和出血现象。

2. 损伤康复护理方法

（1）轻微撕裂伤：及时消毒，再用胶布黏合或用创可贴敷盖即可。

（2）面积较大的撕裂伤：及时送医，进行专业止血、缝合和包扎。如有必要应注射破伤风抗毒素。

（六）穿刺伤

1. 损伤成因与症状

穿刺伤是一种开放性的损伤，多由一些尖锐、细长的物体所致，如木刺等。伤口直径小者，一般凝血块会堵塞伤口，故易被忽略；如果伤口较大、较深，可能对人体造成严重伤害。四肢被刺伤，可能损害重要的血管或神经；胸部刺伤，如刺破胸膜，可造成血气胸；腹部被刺伤，可造成出血或肠破裂而危及生命。

2. 损伤康复护理方法

（1）及时止血。伤口较小，应先清理杂物，再清洁伤口，外涂红汞，敷料包扎。

（2）如果伤口较深、污染重者应注射破伤风抗毒素预防治疗。

(3)如果四肢出血严重，应加压包扎(最好用无菌敷料，运动当下无条件的可用干净的衣物、毛巾、手帕等代替)，每间隔1小时放松10分钟止血带。

(4)刺伤深，估计伤及血管、神经、内脏者，切忌随意将刺入物拔除，以免造成大量出血；应及时送医。

(七)胫骨痛

1.损伤成因与症状

胫骨痛，又称“胫腓骨疲劳性骨膜炎”，在运动健身中比较常见，主要是因负荷过大或技术动作不当引起。胫骨痛常常表现为骨膜松弛、骨膜下出血，并产生肿胀、疼痛等炎症反应。

2.损伤康复护理方法

(1)轻者，局部按摩，促进恢复。注意减少足尖跑和跳的运动量，不要加重下肢的负担，并进行少量的运动来促进恢复。下次运动健身前，做好准备活动。

(2)严重者应立即就医。

(八)关节脱位

1.损伤成因与症状

关节脱位，俗称“脱臼”，是关节面失去正常的联系的损伤，多因剧烈运动中关节受到冲击或不当扭转所致。关节脱位后，会伴有关节囊撕裂，关节周围的软组织损伤或破裂；伴有疼痛、压痛和肿胀，关节内发生血肿，关节功能丧失。

2.损伤康复护理方法

(1)肩关节脱位：修复回位，用两条三角巾分别折成宽带，一条悬挂前臂，另一条绕过伤肢上臂，于肩侧腋下缚结。

(2)肘关节脱位:修复回位,用铁丝夹板,弯成合适的角度,置于肘后,用绷带缠稳,再用小悬臂带挂起前臂固定。

(3)如不熟悉修复技术,应及时送医,不可随意尝试修复回位,以免加重损伤。

(九)韧带扭伤

1.损伤成因与症状

韧带具有保护关节正常活动的作用,但如果受到持续的挤压、牵拉或外力使关节活动超出韧带所承受的范围时,就容易导致韧带损伤。轻度韧带扭伤会出现局部轻微的疼痛和水肿,皮下出现淤血,或导致韧带撕裂。

2.损伤康复护理方法

(1)轻者,应立即进行冷敷,并进行局部加压包扎,抬高患肢。24 小时以后按摩或热敷伤部。

(2)重者应用绷带固定后立即送往医院救治。

(十)腰肌劳损

1.损伤成因与症状

腰肌劳损,又称“腰肌筋膜炎”,多是急性扭伤腰部后,治疗不彻底便参加锻炼,逐渐劳损所致。伤后,局部酸疼、发沉等自发性疼痛,最常见的疼痛部位是腰椎 3、4、5 两侧骶棘肌鞘部,或同时感觉有疼麻放射到臀部或大腿外侧;坚持从事小运动量运动后疼痛明显;身体前屈时会在某一角度出现腰痛。

2.损伤康复护理方法

(1)首次受伤,可采用理疗、按摩、针灸、封闭、口服药物、用保护带及加强背肌练习等非手术治疗手段。

(2)针对顽固病例应及时进行手术治疗。

(十一)髌骨劳损

1.损伤成因与症状

髌骨劳损,具体是指髌骨的关节软骨面与髌骨周缘股四头肌肌腱所形成的肌腱附着部分的慢性损伤,多是由于运动中的运动负荷安排不合理,方法不当,或过多集中地进行膝关节半蹲位姿势下发力和蹬跳等动作练习导致。伤后可在半蹲时的某一角度有疼痛感,髌骨边缘有指压痛感。

2.损伤康复护理方法

(1)轻者,可采用中药外敷、针灸和按摩等方法。视损伤情况加强膝关节肌群力量练习,如采用高位静力半蹲,每次保持3～5分钟。

(2)重者应及时就医。

(十二)骨折

1.损伤成因与症状

骨折是指在运动中机体直接或间接受外界力量撞击而造成的骨骼损伤。骨折时,会有明显的疼痛产生,患处可见肿胀,肢体失去正常的功能。骨折严重可伴有出血、神经损伤、发烧、突发性休克等现象。

2.损伤康复护理方法

(1)骨折后无并发症者,应采用夹板或其他代用品固定伤肢。

(2)骨折导致休克者,应对患者进行人工呼吸。

(3)骨折后伤口出血不止者,应及时止血,并及时送医护理。

(4)如无从医经验,不可随意移动伤肢,请专业医护人员来处理。

(十三)脑震荡

1.损伤成因与症状

运动过程中头部受到撞击可引发脑震荡,致伤后的即刻,患者出现神志昏迷、脉搏徐缓、肌肉松弛、瞳孔稍大、神经反射减弱或消失等主要征象。清醒后伤者常有头痛、头晕、恶心、呕吐感、情绪烦躁、注意力不易集中、耳鸣、失眠、记忆力减退等症状。

2.损伤康复护理方法

(1)轻者,立即让患者平卧,头部冷敷。若有昏迷,指压人中、内关、合谷穴;呼吸停止者应立即进行人工呼吸。

(2)重者(耳鼻口出血、瞳孔放大),立即护送医院治疗。运送途中,让患者平卧,头部固定。

(3)恢复期,保持情绪稳定,减少脑力劳动。

二、运动疾病及其康复治疗

(一)过度疲劳

1.疾病成因与病症

长期高负荷运动、运动方法不当均可导致机体出现功能紊乱或病理状态,即产生过度疲劳,导致运动者机体消耗大、疲劳感加剧且长时间难以恢复,精神状态也不太好,抗拒再次参与运动锻炼。

2.疾病康复治疗方法

(1)及时调整运动内容和方法,减少运动量,注意休息和睡眠。

(2)针对中、后期病情进一步发展的过度疲劳，必要时应停止运动健身，调整生活制度并加强营养。

(3)可结合病情进行药物治疗(服 VC、VB_1、葡萄糖或人参、刺五加、三七等)。

(4)调整运动，进行适当的康复性医疗体育活动(气功、温水浴、按摩等)。

(二)肌肉痉挛

1.疾病成因与病症

肌肉痉挛，俗称“抽筋”，是运动者在运动过程中肌肉发生的不自主的收缩反应。肌肉痉挛后有强烈的疼痛感，伤部失去自主活动能力。

2.疾病康复治疗方法

(1)牵引痉挛肌肉，掐点穴位，数分钟后即可缓解。牵引时用力宜缓慢、均匀，切忌用暴力，以免拉伤肌肉。

(2)针对大腿后群肌肉、小腿腓肠肌的痉挛，尽力伸直膝关节，拉长痉挛肌肉。缓解后，配合局部穴位按摩放松肌肉。

(三)运动性贫血

1.疾病成因与病症

正常男子的血红蛋白含量为 0.69～0.83 毫摩尔/升，正常女子的血红蛋白含量为 0.64～0.78 毫摩尔/升。

参与运动健身期间，如果运动内容和方法安排不当，可导致血液中红细胞数和血红蛋白量低于正常值，即导致运动性贫血。运动过程中，如果患有运动性贫血，运动者有眩晕感，注意力难以集中，易疲劳。

2. 疾病康复治疗方法

(1)适当减少运动量,必要时可停止健身运动。

(2)运动期间,多食用富含蛋白质、铁质、维生素的食物或服用抗贫血药物。

(四)运动性腹痛

1. 疾病成因与病症

运动性腹痛是运动过程中发生的一种急发性运动疾病,一般来说,运动性腹痛不伴随其他特异症状。个别运动者有无力、胸闷、下肢发沉等并发症状。

2. 疾病康复治疗方法

(1)了解腹痛的性质、部位、是否与运动相关,判断是病理性腹痛还是由运动导致。

(2)针对运动性腹痛,应立即降低负荷强度,减慢速度,调整呼吸和动作节奏,再用手按压疼痛部位,也可口服药物(如阿托品、十滴水等)或点掐内关、足三里、三阴交等穴。上述措施施加后无效或疼痛加剧,应及时送医。

(3)针对病理性腹痛,应根据原发疾病采取治疗措施,并及时送医。

(五)运动性中暑

1. 疾病成因与病症

炎热夏季在户外环境下长时间运动,容易出现运动热超过了身体散热能力,导致急性高温。中暑原因不同,表现形式不同。中暑一般有眩晕感、呼吸不畅、面色发白、注意力和思维能力降低等症状,严重者可能昏迷、休克。

2. 疾病康复治疗方法

(1)降温,迅速将患者移到凉爽、通风处,平卧休息,垫高头部,松解衣服,利用扇风、冰袋冷敷、酒精擦身、饮清凉饮料等进行降温处理。

(2)补充淡盐水、生理盐水、葡萄糖生理盐水。

(3)中暑昏迷者应速送医院进行处理。

(六)运动性血尿

1. 疾病成因与病症

正常人的尿液中没有红细胞,剧烈运动后引起显微镜下血尿,经检验无原发病者,称为运动性血尿。血尿可由剧烈运动而引起的肾功能改变所致。

2. 疾病康复治疗方法

(1)进行医学检查,判断是病理性还是运动导致血尿。

(2)少量红细胞而无症状的运动者,应减少运动量,并注意观察。

(3)肉眼可见的运动性血尿,应立即停止运动。

(4)病理性疾病,应针对病因及时治疗。

(七)运动性低血糖

1. 疾病成因与病症

正常人在空腹时血糖的浓度为 4.44～6.67 毫摩尔/升,剧烈运动中当血糖浓度低于 2.78 毫摩尔/升时,称为运动性低血糖症。运动中发生低血糖,有肌肉无力、饥饿感、心情不安、躁动等症状,严重者可导致极度疲乏、神志模糊、语言不清、精神错乱、瞳孔扩大。

2. 疾病康复治疗方法

(1)有低血糖倾向者,应平卧,注意休息、保暖。

(2)轻者,注意能量补充,可饮浓糖水或吃少量食品,或静脉注射 50%葡萄糖 40~100 毫升(每日)。

(3)低血糖致昏迷者,可针刺人中、百会、涌泉、合谷等穴,需要时可皮下注射 1/1 000 肾上腺素 0.5~1.0 毫升,待患者神志清醒后再处理或由医生来处理。

(八)运动性高血压

1. 疾病成因与病症

运动性高血压是指因运动过度和过度紧张所导致的血压升高现象,血压升高后可出现头疼、恶心、呕吐、肢体麻木、心慌等症状。

2. 疾病康复治疗方法

(1)调整运动负荷强度和运动量,注意运动期间多休息,劳逸结合。

(2)原发性高血压病患者,应避免剧烈运动,运动健身应在医师指导下进行。

(九)低热

1. 疾病成因与病症

一般认为体温(指腋温)在 37.7℃以上为低热,运动导致的低热主要是因运动不当引起。低热患者的体温高于正常人,有烦躁、无力等症状。

2. 疾病康复治疗方法

(1)判断是病理性低热还是运动所致。

(2)采用强壮疗法,经过一段时间调整后,体温可自行恢复正常。

(十)昏厥

1.疾病成因与病症

运动者在运动期间出现突发性的、暂时性的知觉和行动能力丧失的状态,称为运动性昏厥。一般来说,昏厥前患者会感到头昏,全身无力,眼前发黑,耳鸣,恶心等。

2.疾病康复治疗方法

(1)轻者,在昏倒片刻后,可在脑贫血消除后自主清醒。

(2)针对昏厥不醒者,应使其平卧或头部稍低位,松解衣带,热毛巾擦脸,做下肢向心性推摩或揉捏,嗅氨水或点掐其人中、百会、合谷等穴。

(3)昏迷未恢复知觉或有呕吐现象者,切忌给其食物;待患者醒后,可给其热饮或少量食物,注意休息。

第四节　运动安全防范与急救

一、运动安全防范

(一)合理健康饮食

运动健身期间,应注意健康饮食,反对过分节食、反对暴饮暴食,要在保证饮食质量的前提下控制饮食的数量,最可取的方式就是少吃多样。一般的,我国大众普遍认为进食结束后出现十足饱腹感才是吃好的标志。但实际上,科学的进餐评价是以衡量身体的热量摄入来评定的,因此要注意更多关注饮食质量而非数量。

对于摄取的食物,应注意全面均衡地食用不同的食物,做到营养均衡,同时应注意饮食卫生。

此外,健康、科学的饮食习惯倡导慢速饮食,细嚼慢咽。

(二)注意运动卫生

运动卫生是科学运动健身必不可少的一部分内容。运动卫生涉及的内容十分广泛,包括运动场地卫生、设备卫生,训练卫生和个人卫生。

1.运动场地卫生、设备卫生

运动场的采光、照明、通风;跑道的硬度;池水的清洁;器材的结构与材料;运动服装、鞋、袜等。

2.训练卫生

应遵循渐进性、系统性、全面性与个别对待的训练原则。

3.个人卫生

运动个人卫生对健康具有重要影响,因此,不只是运动健身期间,任何时候都应注意个人卫生,要养成良好的个人卫生习惯,在运动期间更要注意。具体应做到以下几点。

(1)生活有序,合理作息。

(2)睡眠卫生,保证每天7~8小时的高质量睡眠。

(3)衣着卫生,参与运动,服装、鞋袜应符合运动要求。

(4)避免吸烟、酗酒等不良嗜好。

(5)运动期间,保持良好的心理状态。

此外,应特别注意的是,月经是女性的特殊生理现象,对女性健康具有重要的影响,不同的女性月经表现不同,但月经期,女性的生理、心理都会发生一些变化。这对于女性参与运动健身和锻炼有重要影响。研究表明，女性在月经期间从事合理的运动健身是有益的。实践证实，科学的经期健身可以改善女性机能状态，改善生殖器官的血液供应，并利于经血排除和减轻不适。但有些女性在月经期会出现各种不适，应降低运动锻炼的强度或暂停运动。

(三)运动时间和环境选择

1.运动时间的选择

(1)早晨：晨起至早餐前。

(2)上午：早餐后两小时至午餐前。

(3)下午：午餐后两小时至晚餐前。

(4)晚上：晚餐后两小时至睡前半小时。

2.运动环境的选择

(1)尽量选择在安静、舒适，空气清新，无噪音污染的户外环境中运动。

(2)室内运动健身环境应注意地面平整、活动空间足够大、光线良好、通风良好。

(四)加强医务监督

运动健身期间，为最大限度地确保安全，运动者自身应具备一定的运动安全防范知识，加强运动安全防范意识，建立和健全自我监督意识，能根据自己的身体及时调整运动；如果某部位在运动时产生酸痛，可以考虑减轻运动或停止运动，学会自我保护。

二、运动急救

(一)出血急救

在运动健身锻炼中，身体遭受尖锐物刺破、划伤，或者机体被严重撞击受伤后，极易出血，出血分为两种，一种是内出血，无明显症状或皮下有淤青，胸腔或肝脏破裂多伴有严重的休克症状。另一种是外出血，主要为血管内的血外渗或外流。面对较严重的出血，及时处理非常重要。

针对运动期间的意外大量出血，应及时采取以下方法进行急救处理。

1. 止血

(1)指压止血。根据伤者的受伤部位，选用腋动脉或肱动脉压迫点。腋动脉压迫点为外展上臂 90°，在腋窝中用拇指将腋动脉压向肱骨；肱动脉压迫点为用食、中、无名三指的指腹把肱动脉压向肱骨。出血部位不同，压迫点也不同。

①掌指出血，分别按压桡动脉及尺动脉。

②腿部出血，两手拇指重叠起来，在腹股沟中点稍下方将股动脉用力压在趾骨上。

③足部出血，在足背及内踝后方压迫胫动脉和胫后动脉。

(2)止血带止血。用皮管、皮带及止血带缚在出血部的近端，压力不应小于 200 毫米汞柱动脉压力。

由于缚上止血带后，局部有疼痛感，且时间长了还可能导致肢体缺血坏死致残、致死，因此，使用止血带的方法要正确，缚上止血带时应多垫棉花或衣服，上肢每半小时、下肢每 1 小时分别放松一次。

(3)充填。针对躯干的大伤口或不能上止血带的部位，应用消毒纱布充填伤口压迫止血。

2. 包扎

用绷带和三角巾包扎出血部位或肢体，三角巾一般用于伤肢的固定及悬吊，这里重点阐述绷带包扎止血方法。

(1)环形包扎法。适用于手腕、小腿下部、额等部位出血，将绷带斜置于被包扎部位，一手大拇指压住绷带斜端，另一手绷带绕伤处一周，再将带头斜角折回，依次反复进行（图 8-1）；结束时将绷带剪成两条系带固定。

图 8-1　环形包扎法

(2)扇形包扎法。适用于关节部位的出血，可从关节上向关节下缠绕，即实施向心性扇形包扎；或从关节向关节的上下缠绕，实施离心性扇形包扎（图 8-2）。

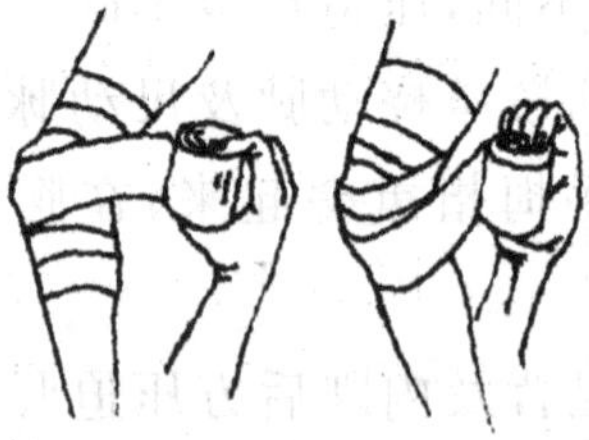

图 8-2　扇形包扎法

(3)螺旋形包扎法。适用于上臂、大腿下端、手指等部位的出血，将绷带先从粗端环形包扎，然后将绷带斜缠，后一圈盖前一圈的 1/2 或 1/3（图 8-3）；结束固定同环形包扎。

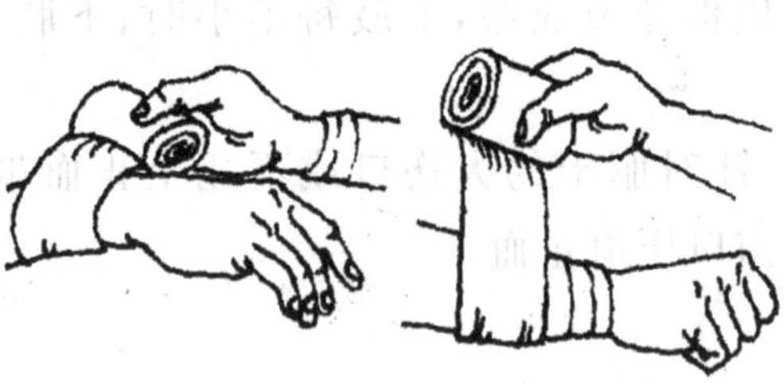

图 8-3　螺旋形包扎法

(4)“8”字形包扎法。适用于肘、膝、腕、踝、肩等部位的出血，将绷带先从关节下方环形包扎，再斜形由下向上，由上向下绕过关节成“8”字形，反复缠绕。

3. 输血

用查血红蛋白、红细胞及血球容积的方法诊断。严重休克者，应及时输血或手术治疗。

(二)溺水急救

游泳、潜水、冲浪运动是非常受欢迎的时尚健身运动，特殊的水环境也受到了诸多运动健身爱好者的喜爱。受多种因素影响，水中健身容易发生溺水，针对这种突发事件应结合具体情况采取以下急救措施。

1. 溺水自救

在野外河流和湖中游泳时或者在大海冲浪入海后，如果遇到复杂水情无法判断时，应保持镇静，设法浮在水面上，保持浮姿，任水冲流并注意水波流向，水平方向一点一点往岸边移动。

2. 拯救溺水者

用竹竿、树枝、绳索拖拉溺水者，或者用能很好地浮于水面的物体(大木头、塑料桶等)作为浮具实施间接救护。

(1)手援。如果溺水者离游泳池边(河岸边)较近，施救者可直接用手将溺水者拖救上岸。

(2)竹竿、绳索。如果溺水者离游泳池边(河岸边)较远，施救者可将竹竿伸向溺水者，或将绳索抛给溺水者，待溺水者握住竿(绳)后将其拖至岸边或船上(图 8-4)。

图 8-4 竹竿救援

(3)救生圈。救生圈是常用的溺水急救物品,一般在游泳馆或者观光海岸上都有储备,可以充分利用,及时对溺水者进行施救。

用救生圈解救溺水者时,最好在圈上系一条长绳,施救者一手抓住绳头,另一手用力将救生圈准确地抛向溺水者,待溺水者抓住救生圈后,收绳将其拖上岸或救上船(图 8-5)。

图 8-5　救生圈援

(4)其他器物。发生溺水时,如一时找不到专用救生器材,可根据实际情况,就近取材,如将毛巾、救生衣、泡沫塑料板、木板、长棍、绳子、球等递或抛给溺水者,但避免砸到溺水者。

溺水者被救上岸后,如果神志不清,应及时采取掐人中穴、人工呼吸、施行心肺复苏术等方法进行急救。

(三)中毒急救

随着当前我国大众健身运动的广泛开展,越来越多的人开始走出室内,到户外进行健身,一些户外运动,如漂流、野外徒步、登山、户外自行车、户外拓展运动等受到年轻运动健身爱好者的喜爱。在户外运动健身,可能会遭受到自然界一些动物的侵害而中毒,针对中毒的突发事件应采取以下急救方式方法及时帮助中毒者脱离危险。

1. 蛇

如果不慎被蛇咬伤,应作如下紧急处理:

(1)辨别是有毒蛇还是无毒蛇咬伤:毒蛇咬伤通常可看见一个或两个或三个大而深的牙痕。无毒蛇咬伤常见四排细小牙痕。

被无毒蛇咬伤可贴上一片创可贴。

(2)如果不能判断是有毒蛇还是无毒蛇咬伤，按毒蛇咬伤处理，并及时送医。

(3)用绳子、布带等，在伤口上方适当位置结扎，每隔 15 分钟放松 1～2 分钟。

(4)先结扎，后排毒。在伤口附近的皮肤上，用小刀挑破米粒大小数处，不断挤压伤口 20 分钟，使毒液外流。或用吸吮器或口将毒血吸出。

(5)放低伤口，减慢蛇毒吸收。

(6)送医注射抗毒血清后，可去掉结扎。

2.水母

被水母蜇伤应作以下处理。

(1)用肥皂水或盐水清洗。

(2)如果带有牛奶或鸡蛋，用牛奶或鸡蛋涂抹患处。

(3)及时送医院治疗。

3.蛭类

被水蛭或旱蛭咬伤后，及时作如下处理。

(1)不要直接拽下，以免增加流血量；用手拍打，或用烟头、打火机烤，使水蛭自行蜷缩落下。

(2)冲洗伤口后，手压法止血 10 分钟以上，或者加压法包扎。

4.蝎子

(1)拔出毒刺，用肥皂清洗伤口。最好用 3% 的氨水泡洗患处。

(2)结扎肢体，防止毒素扩散。

(3)蛇药溶解涂抹患处，或板蓝根、半边莲捣烂外敷。

(4)及时就医。

5.蜂类

(1)不要挤压伤口,以免毒液扩散。

(2)用小刀或针挑出毒刺,伤口流血可任其自然。

(3)用酸性液体冲洗伤口。但蜜蜂蜇伤应用肥皂等碱性液体冲洗。

参考文献

[1]姜晓飞.体育与健康[M].2版.北京:人民卫生出版社,2017.

[2]安丽娜.体育与健康教程理论研究[M].北京:中国纺织出版社,2016.

[3]赵林,姬伟民.体育与健康[M].上海:上海交通大学出版社,2016.

[4]连三彬,符谦,姜鑫.体育与健康[M].上海:上海交通大学出版社,2016.

[5]黄凯斌,健康中国——国民健康研究[M].北京:红旗出版社,2016.

[6]"健康中国 2030"规划纲要[M].北京:人民出版社,2016.

[7]李越萍,吕青,史衍.社区居民健身手册[M].北京:金盾出版社,2012.

[8]周辉.体育健身理论阐析与科学性探究[M].北京:九州出版社,2016.

[9]刘胜,张先松,贾鹏.健身原理与方法[M].武汉:中国地质大学出版社,2010.

[10]田麦久,蔡睿.有氧健身走与跑[M].南京:江苏科学技术出版社,2013.

[11]吕姿之.健康教育与健康促进[M].北京:北京大学医学出版社,2008.

[12]陈圣平,高永三,陈作松.体育运动心理学原理与应用[M].厦门:厦门大学出版社,2012.

[13]陈作松，徐霞. 锻炼心理学[M]. 北京：高等教育出版社，2015.

[14]毛志雄，迟立忠. 运动心理学[M]. 北京：中国人民大学出版社，2015.

[15]卢锋. 休闲体育学[M]. 北京：人民体育出版社，2005.

[16]王健. 运动人体科学概论[M]. 北京：高等教育出版社，2003.

[17]乔德才. 运动人体科学基础[M]. 北京：高等教育出版社，2012.

[18]黄晓琳. 人体运动学[M]. 北京：人民卫生出版社，2013.

[19]赖爱萍. 运动生理学基础[M]. 杭州：浙江大学出版社，2012.

[20]吴旭光. 体育·健康促进·安全[M]. 2版. 北京：地震出版社，2007.

[21]李滔，王秀峰. 健康中国的内涵与实现路径[J]. 卫生经济研究，2016(01)，4－9.

[22]方鹏骞，闵锐. 新常态下的健康中国建设[J]. 中国卫生，2016(03)，65－67.

[23]李玲，江宇. 健康中国战略将开启新时代[J]. 中国党政干部论坛，2016(09)，80－82.

[24]郭清. "健康中国2030"规划纲要的实施路径[J]. 健康研究，2016(06)，601－604.

[25]王晓迪等. 治理视阈下公民参与"健康中国2030"战略的实施路径[J]. 中国卫生政策研究，2017(05)，39－44.

[26]肖月等. "健康中国2030"综合目标及指标体系研究[J]. 卫生经济研究，2017(04)，3－7.

[27]国家体育总局. 运动健身指南[M]. 北京：人民体育出版社，2011.

[28]秦勇，付伟平. 运动与保健[M]. 西安：西安地图出版社，2008.

[29]姜桂萍．健身健美[M]．北京：高等教育出版社，2006.

[30]孙耀，刘琪，杨鸣．大众健身行为的理论研究[M]．北京：中国商务出版社，2008.

[31]田麦久．运动训练学[M]．北京：高等教育出版社，2016.

[32]王刚．体育运动与训练[M]．北京：中国时代经济出版社，2014.

[33]王琳，薛锋．运动训练理论研究[M]．北京：中国社会科学出版社，2014.

[34]关辉．体育运动处方及应用[M]．北京：北京师范大学出版社，2010.

[35]王茜，王健，张悦．学好社会医学 助力健康中国建设[J]．卫生职业教育，2018，36(12)，1－2.

[36]安桂琴．浅谈健康教育与行为科学[J]．内蒙古中医药，2007(12)，1.

[37]张红．浅论行为科学与健康的关系[J]．浙江预防医学，2000(07)，51.

[38]贾丽娟，彭小伟．影响我国青少年体质健康的教育学因素分析[J]．河北体育学院学报，2013，27(01)，54－56.

[39]米光明．谈传播学与健康传播[J]．中国健康教育，1992(02)，39－40.

[40]何生亮．社会市场学方法在健康教育和行为干预中的应用[J]．健康教育与健康促进，2006(04)，52－55.

